Иван Кушнир

Экономика России

Серия "Экономика в странах"

первая публикация: 2019
последнее обновление: 2019-04-19

Иван Кушнир. Экономика России. Серия "Экономика в странах". - 2019. - 61 pages.

Эта книга об экономике России с 1990х до 2010х годов. Исходные данные из базы даных ООН (UN Data).

Размер. В 2010х годах валовый внутренний продукт России составлял 1,8 триллионов долларов в среднем в год; стоимость сельского хозяйства была 63,8 миллиардов долларов; стоимость переработки была 214,0 миллиардов долларов. Поскольку доля в мире была между 1% и 10%, страна классифицируется как региональный лидер.

Производительность. В 2010х годах ВВП на душу населения составлял 12 526,2 долларов США, стоимость сельского хозяйства на душу населения составляла 444,2 долларов США, стоимость перерабатывающей промышленности на душу населения составляла 1 490,2 долларов США. Поскольку производительность была между средней и средней прогрессивной, экономика классифицируется как развитая.

Рост. В 2010х годах рост ВВП был на уровне 1,7%; рост сельского хозяйства был 1,6%; рост перерабатывающей промышленности был 2,1%.

Структура. В 2010х годах экономика России состояла из: сферы услуг (37,0%), промышленности (26,0%), сферы торговли (17,9%), транспортировки (7,9%), строительства (7,2%) и сельского хозяйства (4,0%).

Экспорт и импорт. В 2010х годах экспорт на 32,3% был выше импорта, чистый экспорт составлял 6,6% ВВП. Технологическая структура экспорта была не лучше структуры импорта.

Потребление и воспроизводство. Отношение воспроизводства к потреблению было не лучше чем в среднем по миру, поэтому доля ВВП в мире не будет увеличиваться.

parallel.page.link/ru

ISBN: 978-0-359-60173-8

Содержание

Часть I. Размер

	2010-е
ВВП	1,8 триллионов долларов
Доля в мире	2,4%
Доля в Европе	8,7%
Доля в Восточной Европе	56,5%

Раздел I. Валовый внутренний продукт

ВВП России увеличился с 418,1 миллиардов долларов в 1990х до 1,8 триллионов долларов в год в 2010х, на 1,4 триллионов долларов (в 4,3 раза). Изменение состоялось на 1,1 триллионов долларов из-за 2,7-разового роста цен, а также на 268,7 миллиардов долларов из-за 1,7-разового увеличения производительности, а также на -12,1 миллиардов долларов из-за уменьшения населения. Среднегодовой рост ВВП составил 0,61%. Минимальный размер ВВП был 197,3 миллиардов долларов в 1999 году. Максимальный размер ВВП был 2,3 триллионов долларов в 2013 году.

Валовый внутренний продукт России, млрд. долл. США

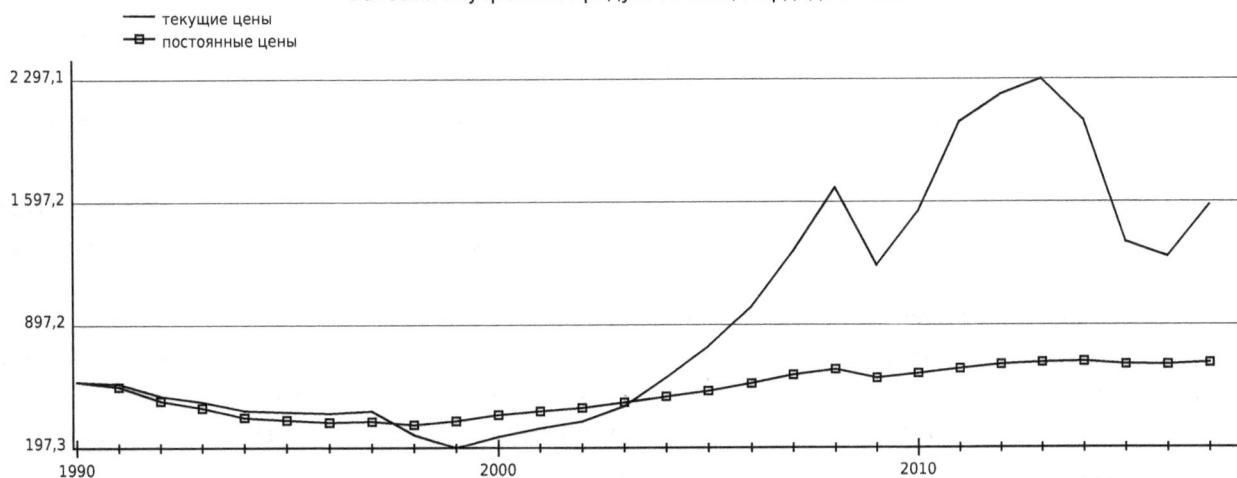

Валовый внутренний продукт на душу населения в России, текущие цены, долл. США

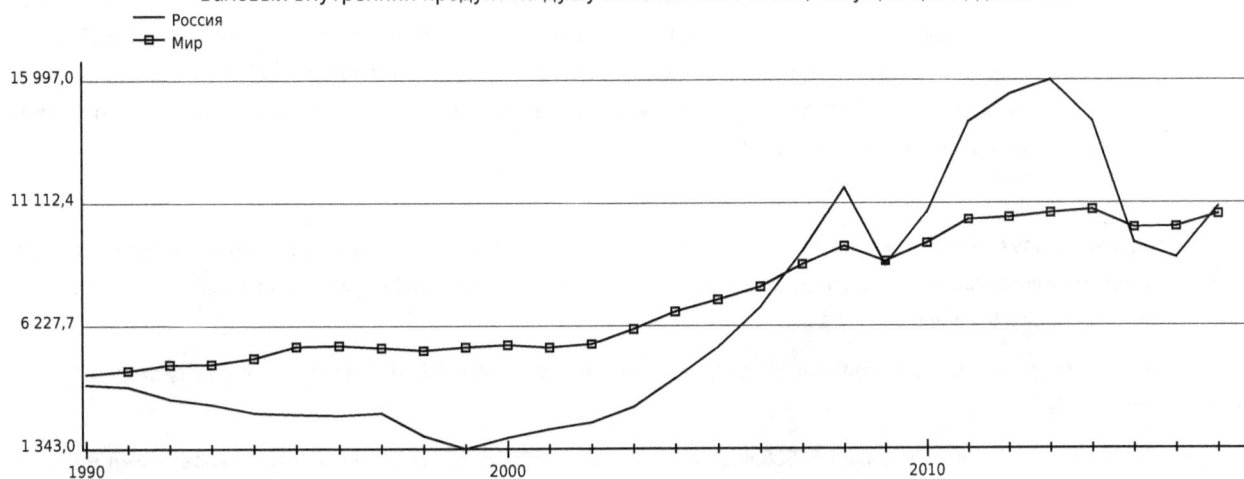

Рост валового внутреннего продукта в России, постоянные цены, 1990=100%

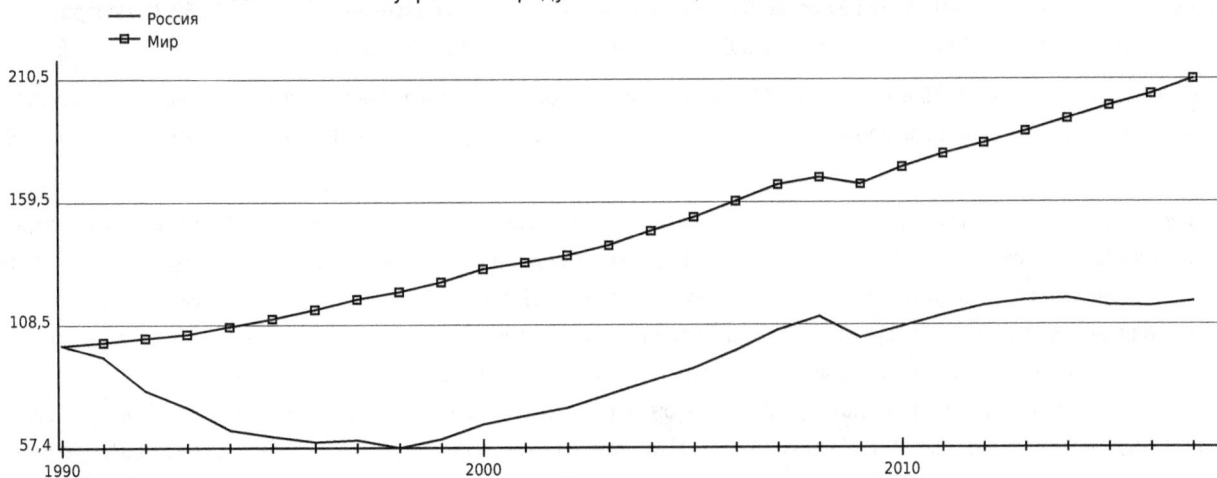

1990-е

Валовый внутренний продукт России был 418,1 миллиардов долларов в среднем в год в 1990х, занимал 13е место в мире и был на уровне Австралазии (428,7 миллиардов долларов). Доля в мире была на уровне 1,5%. Доля в Европе была на уровне 4,3%.

Валовый внутренний продукт России состоял из: расходов домохозяйств (47,5%), частных инвестиций (28,8%), государственных расходов (17,8%) и чистого экспорта (5,2%).

Валовый внутренний продукт на душу населения в России составлял 2 826,7 долларов США в 1990х, занимал 89е место в мире и был на уровне Сант Винсент и Гренадин (2,9 тысяч долларов). ВВП на душу населения в России был меньше чем валовый внутренний продукт на душу населения в мире (5 007,2 долларов США) на 43,5%, и был меньше чем валовый внутренний продукт на душу населения в Европе (13 428,4 долларов США) в 4,8 раза.

Рост ВВП в России был -5.3% в 1990х, занимал 195е место в мире. Рост ВВП в России (-5,3%) был меньше чем рост ВВП в мире (2,7%), был меньше чем рост валового внутреннего продукта в Европе (1,3%).

Сравнение с соседями. ВВП России был больше чем в Финляндии (123,7 миллиардов долларов), в Украине (61,6 миллиардов долларов), в Казахстане (23,3 миллиардов долларов), в Беларуси (16,3 миллиардов долларов) и в Монголии (1,5 миллиардов долларов); но меньше чем в Японии (4,3 триллионов долларов) и в Китае (716,7 миллиардов долларов). Валовый внутренний продукт на душу населения в России был больше чем в Беларуси (1 608,1 долларов), в Казахстане (1 454,9 долларов), в Украине (1 212,7 долларов), в Монголии (660,7 долларов) и в Китае (582,6 долларов); но меньше чем в Японии (34,3 тысяч долларов) и в Финляндии (24,3 тысяч долларов). Рост ВВП в России был больше чем в Украине (-9,5%); но меньше чем в Китае (10,0%), в Финляндии (1,8%), в Японии (1,5%), в Монголии (-0,40%), в Беларуси (-2,0%) и в Казахстане (-5,0%).

Сравнение с лидерами. Валовый внутренний продукт России был меньше чем в США (7,6 триллионов долларов), в Японии (4,3 триллионов долларов), в Германии (2,2 триллионов долларов), во Франции (1,4 триллионов долларов) и в Великобритании (1,3 триллионов долларов). Валовый внутренний продукт на душу населения в России был меньше чем в Японии (34,3 тысяч долларов), в США (28,6 тысяч долларов), в Германии (27,0 тысяч долларов), во Франции (23,9 тысяч долларов) и в Великобритании (22,8 тысяч долларов). Рост ВВП в России был меньше чем в США (3,2%), в Великобритании (2,4%), в Германии (2,2%), во Франции (2,0%) и в Японии (1,5%).

2000-е

Валовый внутренний продукт России был равен 794,5 миллиардов долларов в среднем в год в 2000х, занимал 14е место в мире и был на уровне Австралазии (807,5 миллиардов долларов), Южной Кореи (808,6 миллиардов долларов). Доля в мире была на уровне 1,7%. Доля в Европе была 5,2%.

ВВП России состоял из: расходов домохозяйств (49,6%), частных инвестиций (23,3%), государственных расходов (17,1%) и чистого экспорта (10,5%).

ВВП на душу населения в России составлял 5 508,4 долларов США в 2000х, занимал 86е место в мире и был на уровне Восточной Европы (5,5 тысяч долларов), Доминики (5,5 тысяч долларов), Вест-Индии (5,6 тысяч долларов). Валовый внутренний продукт на душу населения в России был меньше чем ВВП на душу населения в мире (7 162,7 долларов США) на 23,1%, и был меньше чем ВВП на душу населения в Европе (21 059,1 долларов США) в 3,8 раза.

Рост ВВП в России был 5.4% в 2000х, занимал 44е место в мире и был на уровне Ливии (5,4%). Рост валового внутреннего продукта в России (5,4%) был больше чем рост валового внутреннего продукта в мире (2,8%), был больше чем рост ВВП в Европе (1,9%).

Сравнение с соседями. Валовый внутренний продукт России был больше чем в Финляндии (197,4 миллиардов долларов), в Украине (89,4 миллиардов долларов), в Казахстане (63,1 миллиардов долларов), в Беларуси (31,1 миллиардов долларов) и в Монголии (3,2 миллиардов долларов); но меньше чем в Японии (4,7 триллионов долларов) и в Китае (2,6 триллионов долларов). Валовый внутренний продукт на душу населения в России был больше чем в Казахстане (4,1 тысяч долларов), в Беларуси (3,2 тысяч долларов), в Китае (1 968,3 долларов), в Украине (1 894,4 долларов) и в Монголии (1 277,5 долларов); но меньше чем в Финляндии (37,5 тысяч долларов) и в Японии (36,4 тысяч долларов). Рост ВВП в России был больше чем в Украине (4,5%), в Финляндии (2,0%) и в Японии (0,50%); но меньше чем в Китае (10,3%), в Казахстане (8,5%), в Беларуси

(7,2%) и в Монголии (5,9%).

Сравнение с лидерами. ВВП России был меньше чем в США (12,6 триллионов долларов), в Японии (4,7 триллионов долларов), в Германии (2,8 триллионов долларов), в Китае (2,6 триллионов долларов) и в Великобритании (2,3 триллионов долларов). Валовый внутренний продукт на душу населения в России был больше чем в Китае (1 968,3 долларов); но меньше чем в США (42,8 тысяч долларов), в Великобритании (38,2 тысяч долларов), в Японии (36,4 тысяч долларов) и в Германии (34,1 тысяч долларов). Рост валового внутреннего продукта в России был больше чем в США (1,9%), в Великобритании (1,8%), в Германии (0,79%) и в Японии (0,50%); но меньше чем в Китае (10,3%).

2010-е

ВВП России составлял 1,8 триллионов долларов в среднем в год в 2010х, занимал 10е место в мире. Доля в мире была 2,4%. Доля в Европе составляла 8,7%.

Валовый внутренний продукт России состоял из: расходов домохозяйств (51,6%), частных инвестиций (23,6%), государственных расходов (18,0%) и чистого экспорта (6,6%).

Валовый внутренний продукт на душу населения в России составлял 12 526,2 долларов США в 2010х, занимал 74е место в мире и был на уровне Полинезии (12,2 тысяч долларов). ВВП на душу населения в России был больше чем валовый внутренний продукт на душу населения в мире (10 377,7 долларов США) на 20,7%, и был меньше чем ВВП на душу населения в Европе (27 906,6 долларов США) в 2,2 раза.

Рост ВВП в России был 1.7% в 2010х, занимал 155е место в мире и был на уровне Западной Европы (1,7%), Боснии и Герцоговины (1,7%). Рост ВВП в России (1,7%) был меньше чем рост валового внутреннего продукта в мире (2,9%), был больше чем рост ВВП в Европе (1,5%).

Сравнение с соседями. ВВП России был в 7,0 раза больше чем в Финляндии (255,6 миллиардов долларов), в 9,7 раза больше чем в Казахстане (186,0 миллиардов долларов), в 13,2 раза больше чем в Украине (136,0 миллиардов долларов), в 28,9 раза больше чем в Беларуси (62,2 миллиардов долларов) и в 162,1 раза больше чем в Монголии (11,1 миллиардов долларов); но в 5,3 раза меньше чем в Китае (9,6 триллионов долларов) и в 2,9 раза меньше чем в Японии (5,3 триллионов долларов). ВВП на душу населения в России был на 16,7% больше чем в Казахстане (10,7 тысяч долларов), на 80,8% больше чем в Китае (6,9 тысяч долларов), на 90,8% больше чем в Беларуси (6,6 тысяч долларов), в 3,3 раза больше чем в Монголии (3,8 тысяч долларов) и в 4,1 раза больше чем в Украине (3,0 тысяч долларов); но в 3,7 раза меньше чем в Финляндии (46,9 тысяч долларов) и в 3,3 раза меньше чем в Японии (41,2 тысяч долларов). Рост валового внутреннего продукта в России был больше чем в Беларуси (1,7%), в Японии (1,5%), в Финляндии (1,0%) и в Украине (-0,79%); но меньше чем в Китае (7,9%), в Монголии (7,9%) и в Казахстане (4,6%).

Сравнение с лидерами. ВВП России был в 9,5 раза меньше чем в США (17,2 триллионов долларов), в 5,3 раза меньше чем в Китае (9,6 триллионов долларов), в 2,9 раза меньше чем в Японии (5,3 триллионов долларов), в 2,0 раза меньше чем в Германии (3,6 триллионов долларов) и на 33,8% меньше чем в Великобритании (2,7 триллионов долларов). Валовый внутренний продукт на душу населения в России был на 80,8% больше чем в Китае (6,9 тысяч долларов); но в 4,3 раза меньше чем в США (54,3 тысяч долларов), в 3,5 раза меньше чем в Германии (44,4 тысяч долларов), в 3,3 раза меньше чем в Великобритании (41,9 тысяч долларов) и в 3,3 раза меньше чем в Японии (41,2 тысяч долларов). Рост ВВП в России был больше чем в Японии (1,5%); но меньше чем в Китае (7,9%), в США (2,2%), в Германии (2,1%) и в Великобритании (2,0%).

Раздел II. Добавленная стоимость

Добавленная стоимость России выросла с 392,7 миллиардов долларов в 1990х до 1,6 триллионов долларов в год в 2010х, на 1,2 триллионов долларов (в 4,0 раза). Изменение состоялось на 959,9 миллиардов долларов из-за 2,6-разового увеличения цен, а также на 237,5 миллиардов долларов из-за 1,6-разового роста производительности, а также на -11,4 миллиардов долларов из-за сокращения населения. Среднегодовой рост добавленной стоимости составил 0,64%. Минимальный размер добавленной стоимости был 174,7 миллиардов долларов в 1999 году. Максимальный размер добавленной стоимости был 2,0 триллионов долларов в 2013 году.

Добавленная стоимость России, млрд. долл. США

Добавленная стоимость на душу населения в России, текущие цены, долл. США

Рост добавленной стоимости в России, постоянные цены, 1990=100%

1990-е

Добавленная стоимость России была 392,7 миллиардов долларов в среднем в год в 1990х, занимала 13е место в мире и была на уровне Австралазии (395,0 миллиардов долларов), Южной Кореи (395,3 миллиардов долларов). Доля в мире составляла 1,4%. Доля в Европе была на уровне 4,4%.

Добавленная стоимость России состояла из: промышленности (35,3%), торговли (18,8%), сферы услуг (18,2%), транспортировки (9,8%), сельского хозяйства (9,2%) и строительства (8,7%).

Добавленная стоимость на душу населения в России составляла 2 654,7 долларов США в 1990х, занимала 87е место в мире и была на уровне Ботсваны (2,7 тысяч долларов). Добавленная стоимость на душу населения в России была меньше чем добавленная стоимость на душу населения в мире (4 785,7 долларов США) на 44,5%, и была меньше чем добавленная стоимость на душу населения в Европе (12 204,8 долларов США) в 4,6 раза.

Рост добавленной стоимости в России был -4.8% в 1990х, занимал 193е место в мире и был на уровне Армении (-4,8%), Афганистана (-4,7%). Рост добавленной стоимости в России (-4,8%) был меньше чем рост добавленной стоимости в мире (2,6%), был меньше чем рост добавленной стоимости в Европе (1,2%).

Сравнение с соседями. Добавленная стоимость России была больше чем в Финляндии (107,8 миллиардов долларов), в Украине (59,8 миллиардов долларов), в Казахстане (24,0 миллиардов долларов), в Беларуси (14,9 миллиардов долларов) и в Монголии (1,6 миллиардов долларов); но меньше чем в Японии (4,3 триллионов долларов) и в Китае (716,7 миллиардов долларов). Добавленная стоимость на душу населения в России была больше чем в Казахстане (1 497,7 долларов), в Беларуси (1 471,4 долларов), в Украине (1 179,0 долларов), в Монголии (694,8 долларов) и в Китае (582,6 долларов); но меньше чем в Японии (34,2 тысяч долларов) и в Финляндии (21,1 тысяч долларов). Рост добавленной стоимости в России был больше чем в Казахстане (-5,1%) и в Украине (-11,5%); но меньше чем в Китае (9,1%), в Японии (1,8%), в Финляндии (1,6%), в Монголии (-0,24%) и в Беларуси (-3,6%).

Сравнение с лидерами. Добавленная стоимость России была меньше чем в США (7,6 триллионов долларов), в Японии (4,3 триллионов долларов), в Германии (2,0 триллионов долларов), во Франции (1,3 триллионов долларов) и в Великобритании (1,2 триллионов долларов). Добавленная стоимость на душу населения в России была меньше чем в Японии (34,2 тысяч долларов), в США (28,6 тысяч долларов), в Германии (24,5 тысяч долларов), во Франции (21,4 тысяч долларов) и в Великобритании (21,2 тысяч долларов). Рост добавленной стоимости в России был меньше чем в США (2,8%), в Великобритании (2,5%), в Германии (2,2%), во Франции (1,8%) и в Японии (1,8%).

2000-е

Добавленная стоимость России составляла 685,9 миллиардов долларов в среднем в год в 2000х, занимала 14е место в мире. Доля в мире была на уровне 1,5%. Доля в Европе составляла 5,0%.

Добавленная стоимость России состояла из: промышленности (30,2%), сферы услуг (28,6%), торговли (20,9%), сферы транспорта (9,5%), строительства (5,9%) и сельского хозяйства (4,9%).

Добавленная стоимость на душу населения в России составляла 4 755,8 долларов США в 2000х, занимала 88е место в мире и была на уровне Доминики (4,8 тысяч долларов), Восточной Европы (4,8 тысяч долларов). Добавленная стоимость на душу населения в России была меньше чем добавленная стоимость на душу населения в мире (6 807,6 долларов США) на 30,1%, и была меньше чем добавленная стоимость на душу населения в Европе (18 884,5 долларов США) в 4,0 раза.

Рост добавленной стоимости в России был 5% в 2000х, занимал 55е место в мире и был на уровне Сао Томе (4,9%), Кабо-Верде (5,0%), Кувейта (5,0%). Рост добавленной стоимости в России (5,0%) был больше чем рост добавленной стоимости в мире (2,7%), был больше чем рост добавленной стоимости в Европе (1,8%).

Сравнение с соседями. Добавленная стоимость России была больше чем в Финляндии (172,8 миллиардов долларов), в Украине (79,0 миллиардов долларов), в Казахстане (61,1 миллиардов долларов), в Беларуси (26,5 миллиардов долларов) и в Монголии (2,9 миллиардов долларов); но меньше чем в Японии (4,7 триллионов долларов) и в Китае (2,6 триллионов долларов). Добавленная стоимость на душу населения в России была больше чем в Казахстане (3,9 тысяч долларов), в Беларуси (2,7 тысяч долларов), в Китае (1 968,3 долларов), в Украине (1 672,8 долларов) и в Монголии (1 163,8 долларов); но меньше чем в Японии (36,4 тысяч долларов) и в Финляндии (32,9 тысяч долларов). Рост добавленной стоимости в России был больше чем в Финляндии (1,6%) и в Японии (0,27%); но меньше чем в Китае (10,1%), в Казахстане (8,6%), в Беларуси (6,2%), в Украине (5,5%) и в Монголии (5,1%).

Сравнение с лидерами. Добавленная стоимость России была меньше чем в США (12,6 триллионов долларов), в Японии (4,7 триллионов долларов), в Китае (2,6 триллионов долларов), в Германии (2,5 триллионов долларов) и в Великобритании (2,1 триллионов долларов). Добавленная стоимость на душу населения в России была больше чем в Китае (1 968,3 долларов); но меньше чем в США (42,8 тысяч долларов), в Японии (36,4 тысяч долларов), в Великобритании (34,5 тысяч долларов) и в Германии (30,8 тысяч долларов). Рост добавленной стоимости в России был больше чем в США (1,7%), в Великобритании (1,6%), в Германии (0,76%) и в Японии (0,27%); но меньше чем в Китае (10,1%).

2010-е

Добавленная стоимость России была на уровне 1,6 триллионов долларов в среднем в год в 2010x, занимала 11е место в мире и была на уровне Канады (1,6 триллионов долларов). Доля в мире составляла 2,2%. Доля в Европе была 8,5%.

Добавленная стоимость России состояла из: сферы услуг (37,0%), промышленности (26,0%), сферы торговли (17,9%), транспортировки (7,9%), строительства (7,2%) и сельского хозяйства (4,0%).

Добавленная стоимость на душу населения в России составляла 10 991,8 долларов США в 2010x, занимала 75е место в мире и была на уровне Хорватии (11,1 тысяч долларов), Аргентины (11,2 тысяч долларов), Монсеррат (10,8 тысяч долларов). Добавленная стоимость на душу населения в России была больше чем добавленная стоимость на душу населения в мире (9 871,8 долларов США) на 11,3%, и была меньше чем добавленная стоимость на душу населения в Европе (24 997,9 долларов США) в 2,3 раза.

Рост добавленной стоимости в России был 1.6% в 2010x, занимал 157е место в мире. Рост добавленной стоимости в России (1,6%) был меньше чем рост добавленной стоимости в мире (2,9%), был больше чем рост добавленной стоимости в Европе (1,5%).

Сравнение с соседями. Добавленная стоимость России была в 7,2 раза больше чем в Финляндии (220,8 миллиардов долларов), в 9,1 раза больше чем в Казахстане (173,1 миллиардов долларов), в 13,4 раза больше чем в Украине (117,6 миллиардов долларов), в 29,0 раза больше чем в Беларуси (54,5 миллиардов долларов) и в 158,1 раза больше чем в Монголии (10,0 миллиардов долларов); но в 6,1 раза меньше чем в Китае (9,6 триллионов долларов) и в 3,3 раза меньше чем в Японии (5,3 триллионов долларов). Добавленная стоимость на душу населения в России была на 10,0% больше чем в Казахстане (10,0 тысяч долларов), на 59,0% больше чем в Китае (6,9 тысяч долларов), на 91,1% больше чем в Беларуси (5,8 тысяч долларов), в 3,2 раза больше чем в Монголии (3,4 тысяч долларов) и в 4,2 раза больше чем в Украине (2,6 тысяч долларов); но в 3,7 раза меньше чем в Японии (41,0 тысяч долларов) и в 3,7 раза меньше чем в Финляндии (40,5 тысяч долларов). Рост добавленной стоимости в России был больше чем в Японии (1,3%), в Финляндии (0,84%) и в Украине (-0,78%); но меньше чем в Китае (7,9%), в Монголии (7,6%), в Казахстане (4,0%) и в Беларуси (1,7%).

Сравнение с лидерами. Добавленная стоимость России была в 10,9 раза меньше чем в США (17,2 триллионов долларов), в 6,1 раза меньше чем в Китае (9,6 триллионов долларов), в 3,3 раза меньше чем в Японии (5,3 триллионов долларов), в 2,1 раза меньше чем в Германии (3,3 триллионов долларов) и на 35,0% меньше чем в Великобритании (2,4 триллионов долларов). Добавленная стоимость на душу населения в России была на 59,0% больше чем в Китае (6,9 тысяч долларов); но в 4,9 раза меньше чем в США (54,3 тысяч долларов), в 3,7 раза меньше чем в Японии (41,0 тысяч долларов), в 3,6 раза меньше чем в Германии (40,0 тысяч долларов) и в 3,4 раза меньше чем в Великобритании (37,5 тысяч долларов). Рост добавленной стоимости в России был больше чем в Японии (1,3%); но меньше чем в Китае (7,9%), в Германии (2,1%), в США (2,0%) и в Великобритании (1,9%).

Раздел III. Валовый национальный доход

Национальный доход России увеличился с 411,4 миллиардов долларов в 1990х до 1,7 триллионов долларов в год в 2010х, на 1,3 триллионов долларов (в 4,2 раза). Изменение состоялось на 1,1 триллионов долларов из-за 2,7-разового увеличения цен, а также на 255,8 миллиардов долларов из-за 1,6-разового увеличения производительности, а также на -11,9 миллиардов долларов из-за уменьшения населения. Среднегодовой рост валового национального дохода составил 0,53%. Минимальный размер национального дохода был 189,2 миллиардов долларов в 1999 году. Максимальный размер валового национального дохода был 2,2 триллионов долларов в 2013 году.

Валовый национальный доход России, млрд. долл. США

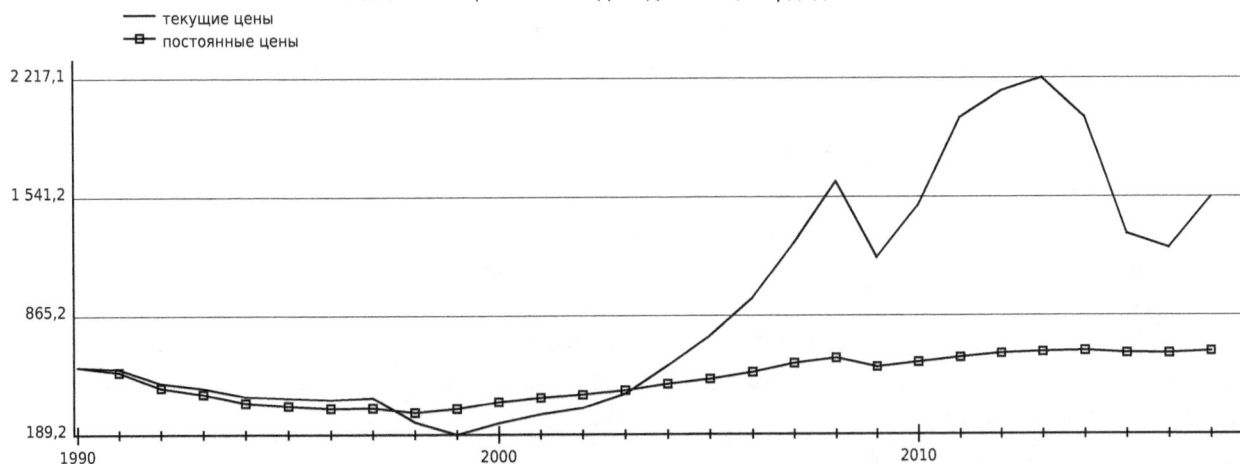

Валовый национальный доход на душу населения в России, текущие цены, долл. США

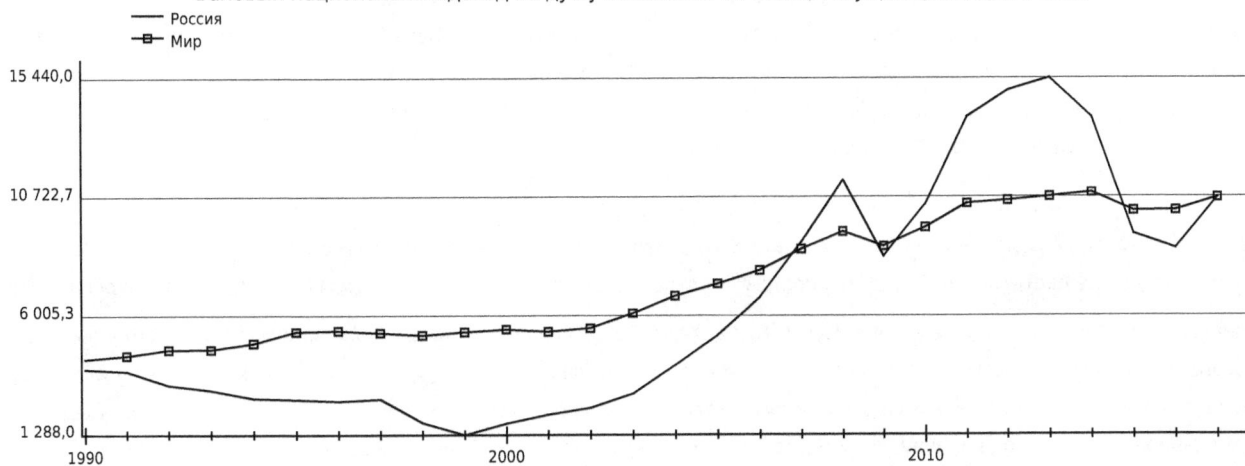

Рост валового национального дохода в России, постоянные цены, 1990=100%

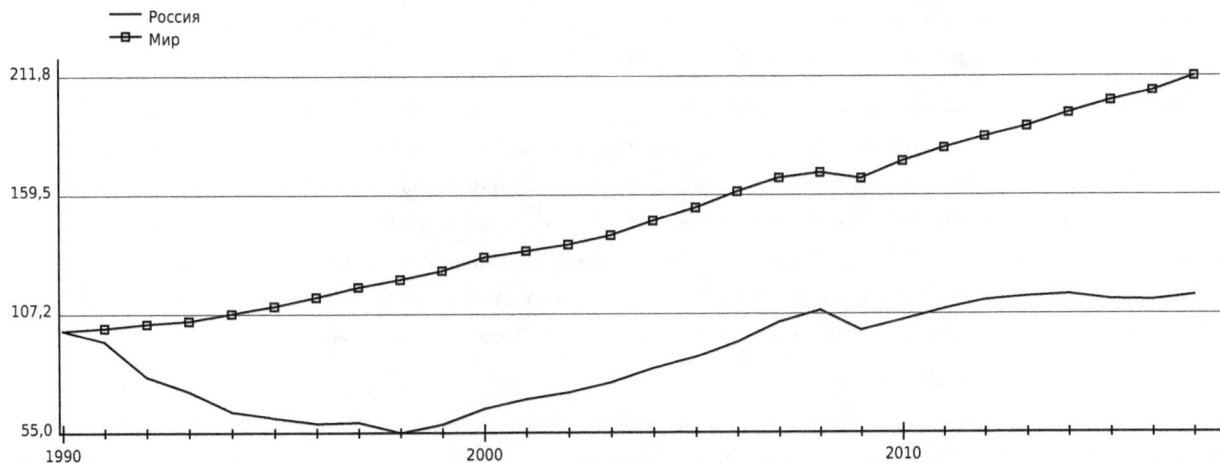

1990-е

Валовый национальный доход России составлял 411,4 миллиардов долларов в среднем в год в 1990х, занимал 12е место в мире и был на уровне Австралазии (412,9 миллиардов долларов), Мексики (407,8 миллиардов долларов). Доля в мире была на уровне 1,4%. Доля в Европе была на уровне 4,2%.

Национальный доход на душу населения в России составлял 2 781,3 долларов США в 1990х, занимал 88е место в мире и был на уровне Ботсваны (2,8 тысяч долларов), Сант Винсент и Гренадин (2,8 тысяч долларов), Вест-Индии (2,8 тысяч долларов). Национальный доход на душу населения в России был меньше чем национальный доход на душу населения в мире (4 981,6 долларов США) на 44,2%, и был меньше чем валовый национальный доход на душу населения в Европе (13 393,6 долларов США) в 4,8 раза.

Рост национального дохода в России был -5.7% в 1990х, занимал 197е место в мире и был на уровне Латвии (-5,7%). Рост национального дохода в России (-5,7%) был меньше чем рост национального дохода в мире (2,7%), был меньше чем рост валового национального дохода в Европе (1,3%).

Сравнение с соседями. Валовый национальный доход России был больше чем в Финляндии (120,5 миллиардов долларов), в Украине (59,2 миллиардов долларов), в Казахстане (23,1 миллиардов долларов), в Беларуси (16,3 миллиардов долларов) и в Монголии (1,5 миллиардов долларов); но меньше чем в Японии (4,4 триллионов долларов) и в Китае (721,1 миллиардов долларов). Национальный доход на душу населения в России был больше чем в Беларуси (1 609,0 долларов), в Казахстане (1 444,5 долларов), в Украине (1 166,8 долларов), в Монголии (655,9 долларов) и в Китае (586,2 долларов); но меньше чем в Японии (34,7 тысяч долларов) и в Финляндии (23,6 тысяч долларов). Рост валового национального дохода в России был больше чем в Украине (-10,0%); но меньше чем в Китае (9,3%), в Финляндии (1,8%), в Японии (1,5%), в Монголии (0,68%), в Беларуси (-1,9%) и в Казахстане (-5,3%).

Сравнение с лидерами. Валовый национальный доход России был меньше чем в США (7,5 триллионов долларов), в Японии (4,4 триллионов долларов), в Германии (2,2 триллионов долларов), во Франции (1,4 триллионов долларов) и в Великобритании (1,3 триллионов долларов). Национальный доход на душу населения в России был меньше чем в Японии (34,7 тысяч долларов), в США (28,5 тысяч долларов), в Германии (27,0 тысяч долларов), во Франции (24,1 тысяч долларов) и в Великобритании (22,8 тысяч долларов). Рост национального дохода в России был меньше чем в США (3,4%), во Франции (2,2%), в Великобритании (2,2%), в Германии (1,9%) и в Японии (1,5%).

2000-е

Валовый национальный доход России составлял 771,8 миллиардов долларов в среднем в год в 2000х, занимал 14е место в мире и был на уровне Австралазии (775,8 миллиардов долларов). Доля в мире была 1,7%. Доля в Европе была на уровне 5,0%.

Национальный доход на душу населения в России составлял 5 351,0 долларов США в 2000х, занимал 85е место в мире и был на уровне Восточной Европы (5,3 тысяч долларов), Габона (5,2 тысяч долларов). Национальный доход на душу населения в России был меньше чем национальный доход на душу населения в мире (7 155,0 долларов США) на 25,2%, и был меньше чем валовый национальный доход на душу населения в Европе (21 013,5 долларов США) в 3,9 раза.

Рост валового национального дохода в России был 5.5% в 2000х, занимал 45е место в мире и был на уровне Ганы (5,4%), Кубы (5,5%), Албании (5,5%). Рост национального дохода в России (5,5%) был больше чем рост валового национального дохода в мире (2,8%), был больше чем рост национального дохода в Европе (1,9%).

Сравнение с соседями. Валовый национальный доход России был больше чем в Финляндии (198,1 миллиардов долларов), в Украине (85,0 миллиардов долларов), в Казахстане (56,3 миллиардов долларов), в Беларуси (30,9 миллиардов долларов) и в Монголии (3,2 миллиардов долларов); но меньше чем в Японии (4,8 триллионов долларов) и в Китае (2,6 триллионов долларов). Национальный доход на душу населения в России был больше чем в Казахстане (3,6 тысяч долларов), в Беларуси (3,2 тысяч долларов), в Китае (1 964,7 долларов), в Украине (1 799,6 долларов) и в Монголии (1 261,9 долларов); но меньше чем в Финляндии (37,7 тысяч долларов) и в Японии (37,1 тысяч долларов). Рост национального дохода в России был больше чем в Монголии (5,4%), в Украине (4,5%), в Финляндии (2,2%) и в Японии (0,62%); но меньше чем в Китае (10,4%), в Казахстане (7,6%) и в Беларуси (6,9%).

Сравнение с лидерами. Валовый национальный доход России был меньше чем в США (12,7 триллионов долларов), в Японии (4,8 триллионов долларов), в Германии (2,8 триллионов долларов), в Китае (2,6 триллионов долларов) и в Великобритании

(2,3 триллионов долларов). Валовый национальный доход на душу населения в России был больше чем в Китае (1 964,7 долларов); но меньше чем в США (43,2 тысяч долларов), в Великобритании (38,3 тысяч долларов), в Японии (37,1 тысяч долларов) и в Германии (34,3 тысяч долларов). Рост валового национального дохода в России был больше чем в США (1,8%), в Великобритании (1,7%), в Германии (1,1%) и в Японии (0,62%); но меньше чем в Китае (10,4%).

2010-е

Национальный доход России был на уровне 1,7 триллионов долларов в среднем в год в 2010х, занимал 10е место в мире. Доля в мире была 2,3%. Доля в Европе была 8,4%.

Национальный доход на душу населения в России составлял 12 145,1 долларов США в 2010х, занимал 73е место в мире и был на уровне Западной Азии (12,2 тысяч долларов), Полинезии (12,2 тысяч долларов). Национальный доход на душу населения в России был больше чем валовый национальный доход на душу населения в мире (10 398,4 долларов США) на 16,8%, и был меньше чем национальный доход на душу населения в Европе (27 861,4 долларов США) в 2,3 раза.

Рост валового национального дохода в России был 1.8% в 2010х, занимал 151е место в мире и был на уровне Гаити (1,8%). Рост национального дохода в России (1,8%) был меньше чем рост валового национального дохода в мире (3,0%), был больше чем рост национального дохода в Европе (1,6%).

Сравнение с соседями. Валовый национальный доход России был в 6,8 раза больше чем в Финляндии (257,8 миллиардов долларов), в 10,5 раза больше чем в Казахстане (165,7 миллиардов долларов), в 12,7 раза больше чем в Украине (137,2 миллиардов долларов), в 28,9 раза больше чем в Беларуси (60,3 миллиардов долларов) и в 171,9 раза больше чем в Монголии (10,1 миллиардов долларов); но в 5,5 раза меньше чем в Китае (9,6 триллионов долларов) и в 3,1 раза меньше чем в Японии (5,5 триллионов долларов). Валовый национальный доход на душу населения в России был на 27,0% больше чем в Казахстане (9,6 тысяч долларов), на 76,0% больше чем в Китае (6,9 тысяч долларов), на 90,8% больше чем в Беларуси (6,4 тысяч долларов), в 3,5 раза больше чем в Монголии (3,5 тысяч долларов) и в 4,0 раза больше чем в Украине (3,0 тысяч долларов); но в 3,9 раза меньше чем в Финляндии (47,3 тысяч долларов) и в 3,5 раза меньше чем в Японии (42,5 тысяч долларов). Рост национального дохода в России был больше чем в Японии (1,6%), в Беларуси (1,5%), в Финляндии (0,99%) и в Украине (0,12%); но меньше чем в Китае (7,9%), в Монголии (6,3%) и в Казахстане (4,9%).

Сравнение с лидерами. Национальный доход России был в 10,1 раза меньше чем в США (17,6 триллионов долларов), в 5,5 раза меньше чем в Китае (9,6 триллионов долларов), в 3,1 раза меньше чем в Японии (5,5 триллионов долларов), в 2,1 раза меньше чем в Германии (3,7 триллионов долларов) и на 36,1% меньше чем во Франции (2,7 триллионов долларов). Национальный доход на душу населения в России был на 76,0% больше чем в Китае (6,9 тысяч долларов); но в 4,6 раза меньше чем в США (55,5 тысяч долларов), в 3,7 раза меньше чем в Германии (45,4 тысяч долларов), в 3,5 раза меньше чем в Японии (42,5 тысяч долларов) и в 3,4 раза меньше чем во Франции (41,2 тысяч долларов). Рост национального дохода в России был больше чем в Японии (1,6%) и во Франции (1,3%); но меньше чем в Китае (7,9%), в США (2,5%) и в Германии (2,1%).

Часть II. Структура

	2010-е
сельское хозяйство	4,0%
промышленность	26,0%
строительство	7,2%
сфера торговли	17,9%
сфера транспорта и связи	7,9%
сфера услуг	37,0%

Раздел IV. Сельское хозяйство

Сельское и лесное хозяйство, охота и рыболовство (ISIC A-B)

Сельское хозяйство России выросло с 36,1 миллиардов долларов в 1990х до 63,8 миллиардов долларов в год в 2010х, на 27,7 миллиардов долларов (на 76,7%). Изменение состоялось на 20,3 миллиардов долларов из-за 1,5-разового увеличения цен, а также на 8,4 миллиардов долларов из-за 1,2-разового увеличения производительности, а также на -1,0 миллиардов долларов из-за уменьшения населения. Среднегодовой рост сельского хозяйства составил -0,046%. Максимальный размер сельского хозяйства был 87,3 миллиардов долларов в 1990 году. Минимальный размер сельского хозяйства был 12,5 миллиардов долларов в 1999 году.

Сельское хозяйство России, млрд. долл. США

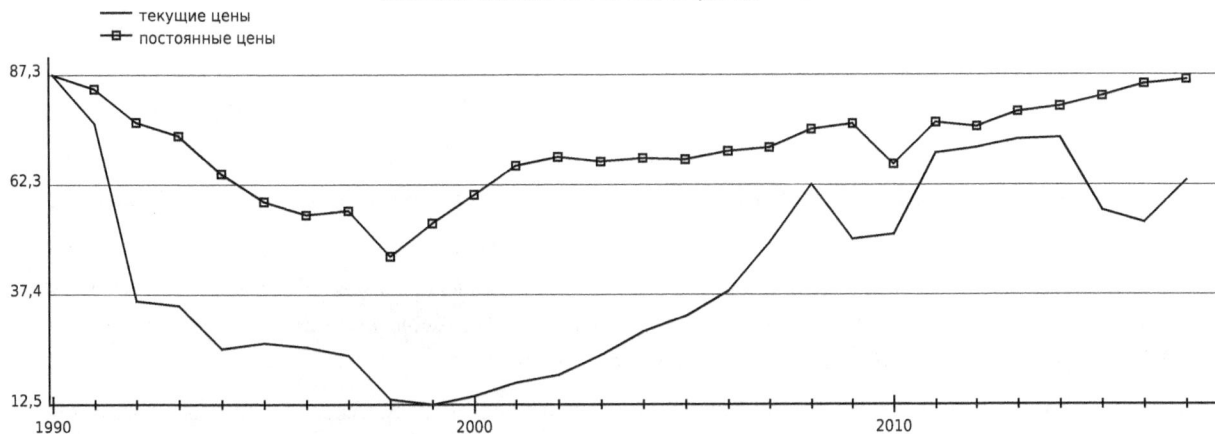

Сельское хозяйство на душу населения в России, текущие цены, долл. США

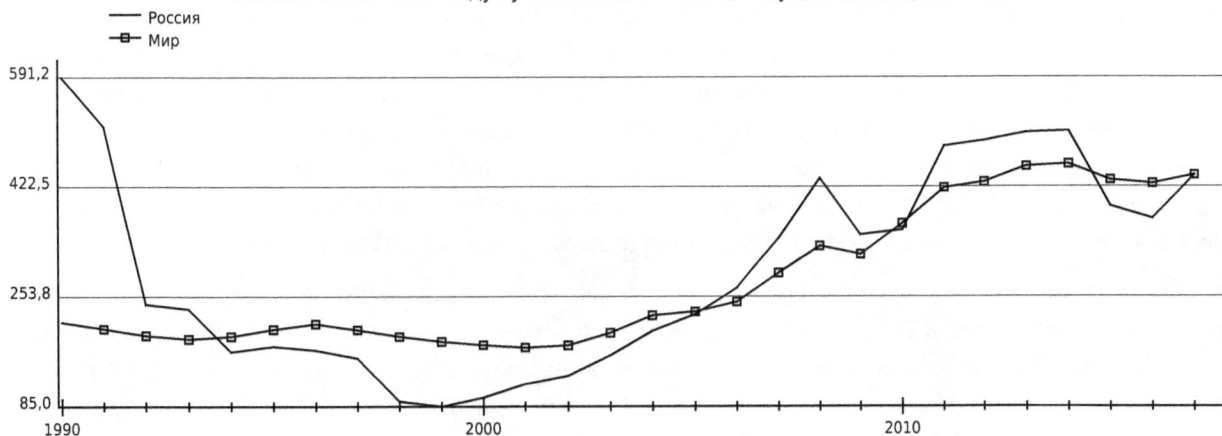

Рост сельского хозяйства в России, постоянные цены, 1990=100%

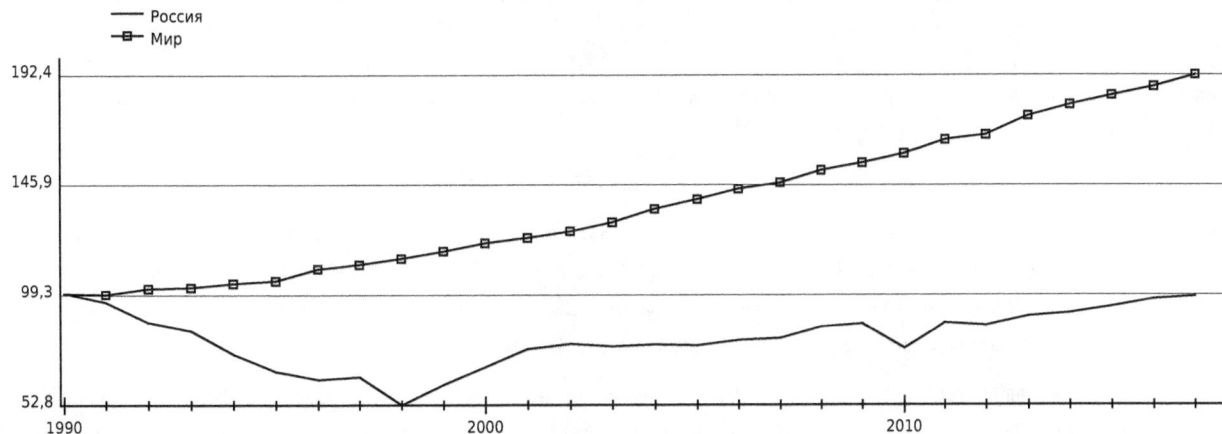

Доля сельского хозяйства в экономике России, %

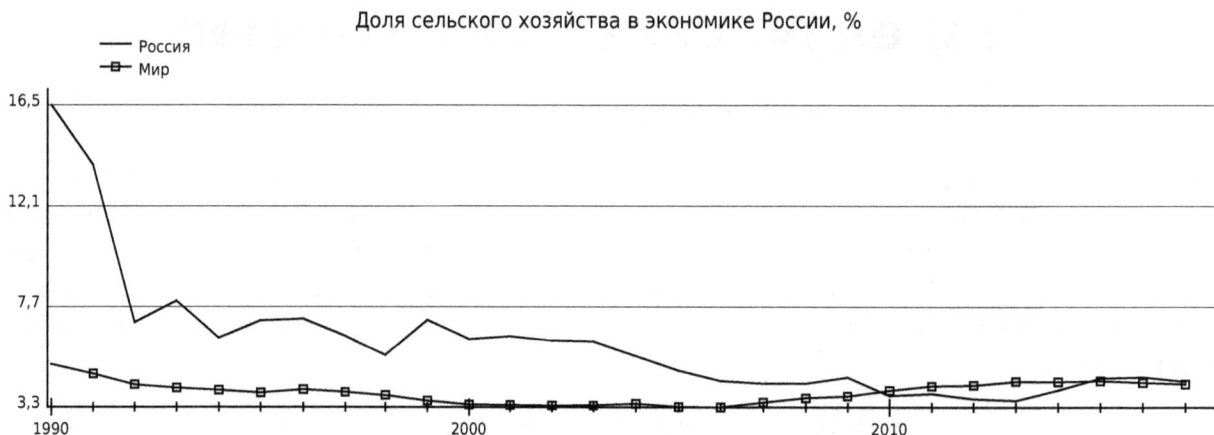

1990-е

Сельское хозяйство России было на уровне 36,1 миллиардов долларов в среднем в год в 1990х (6е место в мире) и было на уровне Италии (36,0 миллиардов долларов), Бразилии (36,8 миллиардов долларов), Франции (35,4 миллиардов долларов). Доля в мире составляла 3,2%. Доля в Европе была 13,1%.

Доля сельского хозяйства в экономике России была 9,2% в 1990х (119е место в мире), и была на уровне Тайланда (9,3%).

Сельское хозяйство на душу населения в России составляло 244,1 долларов США в 1990х (84е место в мире) и было на уровне Чили (245,8 долларов), Науру (246,8 долларов), Южной Америки (241,3 долларов). Сельское хозяйство на душу населения в России было больше чем сельское хозяйство на душу населения в мире (199,0 долларов США) на 22,6%, и было меньше чем сельское хозяйство на душу населения в Европе (378,7 долларов США) на 35,5%.

Рост сельского хозяйства в России был -5.3% в 1990х (189е место в мире). Рост сельского хозяйства в России (-5,3%) был меньше чем рост сельского хозяйства в мире (2,0%), был меньше чем рост сельского хозяйства в Европе (-1,3%).

Сравнение с соседями. Сельское хозяйство России было больше чем в Украине (10,9 миллиардов долларов), в Финляндии (4,9 миллиардов долларов), в Казахстане (4,3 миллиардов долларов), в Беларуси (2,7 миллиардов долларов) и в Монголии (387,7 миллионов долларов); но меньше чем в Китае (139,0 миллиардов долларов) и в Японии (78,9 миллиардов долларов). Сельское хозяйство на душу населения в России было больше чем в Украине (215,5 долларов), в Монголии (169,5 долларов) и в Китае (113,0 долларов); но меньше чем в Финляндии (953,8 долларов), в Японии (625,5 долларов), в Казахстане (267,4 долларов) и в Беларуси (265,1 долларов). Рост сельского хозяйства в России был больше чем в Украине (-7,1%) и в Казахстане (-7,2%); но меньше чем в Китае (4,3%), в Монголии (1,5%), в Финляндии (0,028%), в Японии (-1,8%) и в Беларуси (-4,6%).

Сравнение с лидерами. Сельское хозяйство России было меньше чем в Китае (139,0 миллиардов долларов), в США (96,1 миллиардов долларов), в Индии (91,4 миллиардов долларов), в Японии (78,9 миллиардов долларов) и в Бразилии (36,8 миллиардов долларов). Сельское хозяйство на душу населения в России было больше чем в Бразилии (228,3 долларов), в Китае (113,0 долларов) и в Индии (96,0 долларов); но меньше чем в Японии (625,5 долларов) и в США (362,8 долларов). Рост сельского хозяйства в России был меньше чем в Китае (4,3%), в Бразилии (3,0%), в Индии (2,8%), в США (2,6%) и в Японии (-1,8%).

2000-е

Сельское хозяйство России было на уровне 33,6 миллиардов долларов в среднем в год в 2000х (11е место в мире). Доля в мире была 2,2%. Доля в Европе составляла 12,0%.

Доля сельского хозяйства в экономике России была 4,9% в 2000х (132е место в мире), и была на уровне Лихтенштейна (4,9%).

Сельское хозяйство на душу населения в России составляло 233,0 долларов США в 2000х (111е место в мире) и было на уровне Брунея (238,0 долларов), Боснии и Герцоговины (238,9 долларов). Сельское хозяйство на душу населения в России было меньше чем сельское хозяйство на душу населения в мире (239,4 долларов США) на 2,7%, и было меньше чем сельское хозяйство на душу населения в Европе (382,3 долларов США) на 39,1%.

Рост сельского хозяйства в России был 3.6% в 2000х (55е место в мире) и был на уровне США (3,6%), Египта (3,6%), Юго-Восточной Азии (3,6%). Рост сельского хозяйства в России (3,6%) был больше чем рост сельского хозяйства в мире (2,8%), был больше чем рост сельского хозяйства в Европе (1,1%).

Сравнение с соседями. Сельское хозяйство России было больше чем в Украине (7,4 миллиардов долларов), в Финляндии (4,7 миллиардов долларов), в Казахстане (3,9 миллиардов долларов), в Беларуси (2,7 миллиардов долларов) и в Монголии (508,7 миллионов долларов); но меньше чем в Китае (299,1 миллиардов долларов) и в Японии (57,1 миллиардов долларов). Сельское хозяйство на душу населения в России было больше чем в Китае (227,0 долларов), в Монголии (201,8 долларов) и в Украине (156,9 долларов); но меньше чем в Финляндии (890,7 долларов), в Японии (445,5 долларов), в Беларуси (274,5 долларов) и в Казахстане (252,1 долларов). Рост сельского хозяйства в России был больше чем в Финляндии (2,0%), в Монголии (0,82%) и в Японии (-1,3%); но меньше чем в Беларуси (5,4%), в Казахстане (4,6%), в Китае (4,0%) и в Украине (3,9%).

Сравнение с лидерами. Сельское хозяйство России было меньше чем в Китае (299,1 миллиардов долларов), в Индии (147,6 миллиардов долларов), в США (122,5 миллиардов долларов), в Японии (57,1 миллиардов долларов) и в Нигерии (47,7 миллиардов долларов). Сельское хозяйство на душу населения в России было больше чем в Китае (227,0 долларов) и в Индии (130,1 долларов); но меньше чем в Японии (445,5 долларов), в США (416,8 долларов) и в Нигерии (346,2 долларов). Рост сельского хозяйства в России был больше чем в США (3,6%), в Индии (2,0%) и в Японии (-1,3%); но меньше чем в Нигерии (10,1%) и в Китае (4,0%).

2010-е

Сельское хозяйство России было на уровне 63,8 миллиардов долларов в среднем в год в 2010х (7е место в мире). Доля в мире была на уровне 2,1%. Доля в Европе была 17,7%.

Доля сельского хозяйства в экономике России была 4,0% в 2010х (132е место в мире), и была на уровне Чили (4,0%), Центральной Америки (4,1%).

Сельское хозяйство на душу населения в России составляло 444,2 долларов США в 2010х (74е место в мире) и было на уровне Косово (441,5 долларов), Юго-Восточной Азии (439,7 долларов), Сербии (439,1 долларов). Сельское хозяйство на душу населения в России было больше чем сельское хозяйство на душу населения в мире (428,9 долларов США) на 3,6%, и было меньше чем сельское хозяйство на душу населения в Европе (485,7 долларов США) на 8,5%.

Рост сельского хозяйства в России был 1.6% в 2010х (118е место в мире) и был на уровне Северной Америки (1,6%), Кубы (1,6%), Великобритании (1,6%). Рост сельского хозяйства в России (1,6%) был меньше чем рост сельского хозяйства в мире (2,7%), был больше чем рост сельского хозяйства в Европе (0,60%).

Сравнение с соседями. Сельское хозяйство России было на 9,1% больше чем в Японии (58,5 миллиардов долларов), в 5,1 раза больше чем в Украине (12,5 миллиардов долларов), в 7,6 раза больше чем в Казахстане (8,4 миллиардов долларов), в 10,5 раза больше чем в Финляндии (6,1 миллиардов долларов), в 13,7 раза больше чем в Беларуси (4,7 миллиардов долларов) и в 47,7 раза больше чем в Монголии (1,3 миллиардов долларов); но в 13,9 раза меньше чем в Китае (883,9 миллиардов долларов). Сельское хозяйство на душу населения в России было на 59,4% больше чем в Украине (278,6 долларов); но в 2,5 раза меньше чем в Финляндии (1 117,9 долларов), на 30,4% меньше чем в Китае (637,9 долларов), на 9,8% меньше чем в Беларуси (492,5 долларов), на 8,7% меньше чем в Казахстане (486,7 долларов), на 3,8% меньше чем в Монголии (461,7 долларов) и на 2,7% меньше чем в Японии (456,5 долларов). Рост сельского хозяйства в России был больше чем в Казахстане (1,5%) и в Японии (-3,7%); но меньше чем в Монголии (6,4%), в Китае (4,1%), в Украине (3,1%), в Беларуси (2,6%) и в Финляндии (2,0%).

Сравнение с лидерами. Сельское хозяйство России было в 13,9 раза меньше чем в Китае (883,9 миллиардов долларов), в 5,3 раза меньше чем в Индии (338,3 миллиардов долларов), в 2,8 раза меньше чем в США (179,8 миллиардов долларов), на 47,1% меньше чем в Индонезии (120,6 миллиардов долларов) и на 34,6% меньше чем в Бразилии (97,5 миллиардов долларов). Сельское хозяйство на душу населения в России было на 68,8% больше чем в Индии (263,1 долларов); но на 30,4% меньше чем в Китае (637,9 долларов), на 21,8% меньше чем в США (567,9 долларов), на 7,4% меньше чем в Бразилии (479,9 долларов) и на 6,6% меньше чем в Индонезии (475,7 долларов). Рост сельского хозяйства в России был больше чем в США (1,4%); но меньше чем в Китае (4,1%), в Индии (4,0%), в Индонезии (3,9%) и в Бразилии (2,0%).

Раздел V. Промышленность

Добывающая, перерабатывающая и утилизационная промышленность (ISIC C-E)

Промышленность России выросла с 138,7 миллиардов долларов в 1990х до 410,5 миллиардов долларов в год в 2010х, на 271,8 миллиардов долларов (в 3,0 раза). Изменение состоялось на 228,8 миллиардов долларов из-за 2,3-разового роста цен, а также на 47,0 миллиардов долларов из-за 1,3-разового увеличения производительности, а также на -4,0 миллиардов долларов из-за уменьшения населения. Среднегодовой рост промышленности составил -0,63%. Минимальный размер промышленности был 57,6 миллиардов долларов в 1999 году. Максимальный размер промышленности был 507,4 миллиардов долларов в 2013 году.

Промышленность России, млрд. долл. США

Промышленность на душу населения в России, текущие цены, долл. США

Рост промышленности в России, постоянные цены, 1990=100%

Доля промышленности в экономике России, %

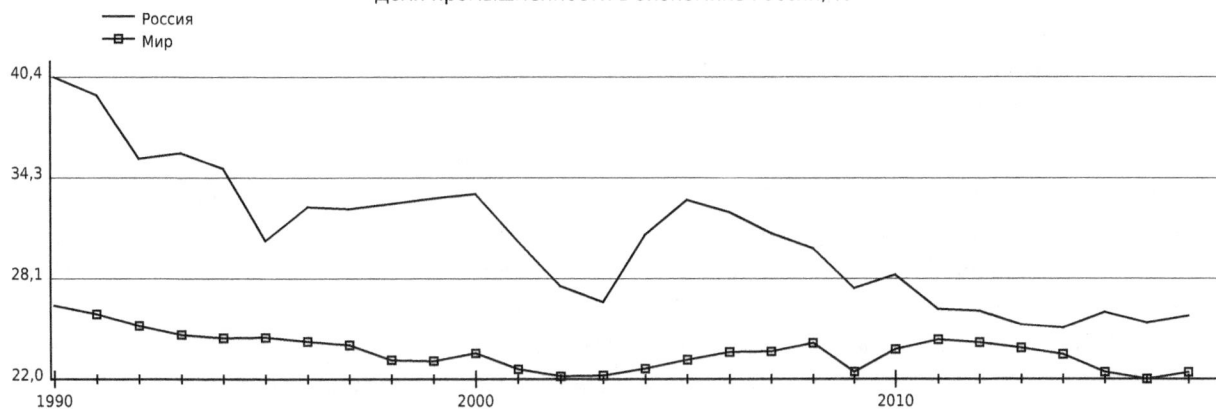

1990-е

Промышленность России составляла 138,7 миллиардов долларов в среднем в год в 1990х (9е место в мире) и была на уровне Канады (140,4 миллиардов долларов). Доля в мире составляла 2,1%. Доля в Европе составляла 6,5%.

Доля промышленности в экономике России была 35,3% в 1990х (24е место в мире), и была на уровне Свазиленда (35,3%), Замбии (35,5%).

Промышленность на душу населения в России составляла 937,6 долларов США в 1990х (70е место в мире) и была на уровне Южной Африки (938,8 долларов), Венгрии (953,0 долларов), Барбадоса (959,6 долларов). Промышленность на душу населения в России была меньше чем промышленность на душу населения в мире (1 171,1 долларов США) на 19,9%, и была меньше чем промышленность на душу населения в Европе (2 948,1 долларов США) в 3,1 раза.

Рост промышленности в России был -6.8% в 1990х (194е место в мире) и был на уровне Сьерра Леоне (-6,8%). Рост промышленности в России (-6,8%) был меньше чем рост промышленности в мире (2,3%), был меньше чем рост промышленности в Европе (-0,16%).

Сравнение с соседями. Промышленность России была больше чем в Финляндии (29,0 миллиардов долларов), в Украине (21,5 миллиардов долларов), в Беларуси (5,3 миллиардов долларов), в Казахстане (5,2 миллиардов долларов) и в Монголии (409,3 миллионов долларов); но меньше чем в Японии (1,2 триллионов долларов) и в Китае (285,9 миллиардов долларов). Промышленность на душу населения в России была больше чем в Беларуси (525,4 долларов), в Украине (423,8 долларов), в Казахстане (325,8 долларов), в Китае (232,4 долларов) и в Монголии (179,0 долларов); но меньше чем в Японии (9,4 тысяч долларов) и в Финляндии (5,7 тысяч долларов). Рост промышленности в России был больше чем в Украине (-10,6%); но меньше чем в Китае (13,1%), в Финляндии (4,1%), в Японии (1,3%), в Монголии (-0,68%), в Беларуси (-1,5%) и в Казахстане (-2,7%).

Сравнение с лидерами. Промышленность России была меньше чем в США (1,5 триллионов долларов), в Японии (1,2 триллионов долларов), в Германии (536,6 миллиардов долларов), в Китае (285,9 миллиардов долларов) и в Великобритании (261,6 миллиардов долларов). Промышленность на душу населения в России была больше чем в Китае (232,4 долларов); но меньше чем в Японии (9,4 тысяч долларов), в Германии (6,6 тысяч долларов), в США (5,7 тысяч долларов) и в Великобритании (4,5 тысяч долларов). Рост промышленности в России был меньше чем в Китае (13,1%), в США (2,8%), в Японии (1,3%), в Великобритании (0,89%) и в Германии (0,38%).

2000-е

Промышленность России составляла 207,1 миллиардов долларов в среднем в год в 2000х (11е место в мире). Доля в мире была 2,0%. Доля в Европе была на уровне 7,1%.

Доля промышленности в экономике России была 30,2% в 2000х (44е место в мире), и была на уровне Центральной Азии (30,3%).

Промышленность на душу населения в России составляла 1 435,8 долларов США в 2000х (69е место в мире) и была на уровне Аргентины (1 404,1 долларов). Промышленность на душу населения в России была меньше чем промышленность на душу населения в мире (1 571,7 долларов США) на 8,6%, и была меньше чем промышленность на душу населения в Европе (3 987,7 долларов США) в 2,8 раза.

Рост промышленности в России был 3.5% в 2000х (77е место в мире) и был на уровне Никарагуа (3,5%), Западной Африки (3,5%), Индонезии (3,5%). Рост промышленности в России (3,5%) был больше чем рост промышленности в мире (2,7%), был больше чем рост промышленности в Европе (0,79%).

Сравнение с соседями. Промышленность России была больше чем в Финляндии (47,3 миллиардов долларов), в Украине (22,7 миллиардов долларов), в Казахстане (19,0 миллиардов долларов), в Беларуси (9,1 миллиардов долларов) и в Монголии (901,3 миллионов долларов); но меньше чем в Японии (1,1 триллионов долларов) и в Китае (1,1 триллионов долларов). Промышленность на душу населения в России была больше чем в Казахстане (1 227,6 долларов), в Беларуси (936,6 долларов), в Китае (800,7 долларов), в Украине (481,2 долларов) и в Монголии (357,6 долларов); но меньше чем в Финляндии (9,0 тысяч долларов) и в Японии (8,8 тысяч долларов). Рост промышленности в России был больше чем в Финляндии (2,2%) и в Японии (0,15%); но меньше чем в Китае (11,1%), в Казахстане (8,2%), в Беларуси (7,5%), в Монголии (5,8%) и в Украине (5,7%).

Сравнение с лидерами. Промышленность России была меньше чем в США (2,1 триллионов долларов), в Японии (1,1 триллионов долларов), в Китае (1,1 триллионов долларов), в Германии (639,3 миллиардов долларов) и в Великобритании (325,3 миллиардов долларов). Промышленность на душу населения в России была больше чем в Китае (800,7 долларов); но меньше чем в Японии (8,8 тысяч долларов), в Германии (7,8 тысяч долларов), в США (7,1 тысяч долларов) и в Великобритании (5,4 тысяч долларов). Рост промышленности в России был больше чем в США (1,5%), в Германии (0,26%), в Японии (0,15%) и в Великобритании (-1,2%); но меньше чем в Китае (11,1%).

2010-е

Промышленность России была 410,5 миллиардов долларов в среднем в год в 2010х (6е место в мире) и была на уровне Индии (417,2 миллиардов долларов). Доля в мире составляла 2,5%. Доля в Европе была на уровне 10,9%.

Доля промышленности в экономике России была 26,0% в 2010х (65е место в мире), и была на уровне Германии (26,0%), Колумбии (25,9%), Замбии (26,1%).

Промышленность на душу населения в России составляла 2 858,0 долларов США в 2010х (57е место в мире). Промышленность на душу населения в России была больше чем промышленность на душу населения в мире (2 299,3 долларов США) на 24,3%, и была меньше чем промышленность на душу населения в Европе (5 082,3 долларов США) на 43,8%.

Рост промышленности в России был 1.6% в 2010х (140е место в мире) и был на уровне Дании (1,6%), Австралазии (1,6%). Рост промышленности в России (1,6%) был меньше чем рост промышленности в мире (3,5%), был меньше чем рост промышленности в Европе (2,2%).

Сравнение с соседями. Промышленность России была в 7,8 раза больше чем в Казахстане (52,6 миллиардов долларов), в 8,8 раза больше чем в Финляндии (46,9 миллиардов долларов), в 14,2 раза больше чем в Украине (28,9 миллиардов долларов), в 24,9 раза больше чем в Беларуси (16,5 миллиардов долларов) и в 131,6 раза больше чем в Монголии (3,1 миллиардов долларов); но в 8,5 раза меньше чем в Китае (3,5 триллионов долларов) и в 2,9 раза меньше чем в Японии (1,2 триллионов долларов). Промышленность на душу населения в России была на 13,8% больше чем в Китае (2,5 тысяч долларов), на 64,0% больше чем в Беларуси (1 743,0 долларов), в 2,7 раза больше чем в Монголии (1 077,4 долларов) и в 4,4 раза больше чем в Украине (642,8 долларов); но в 3,3 раза меньше чем в Японии (9,3 тысяч долларов), в 3,0 раза меньше чем в Финляндии (8,6 тысяч долларов) и на 5,8% меньше чем в Казахстане (3,0 тысяч долларов). Рост промышленности в России был больше чем в Финляндии (0,54%) и в Украине (-3,3%); но меньше чем в Китае (8,1%), в Монголии (7,4%), в Казахстане (3,0%), в Японии (2,5%) и в Беларуси (2,3%).

Сравнение с лидерами. Промышленность России была в 8,5 раза меньше чем в Китае (3,5 триллионов долларов), в 6,5 раза меньше чем в США (2,7 триллионов долларов), в 2,9 раза меньше чем в Японии (1,2 триллионов долларов), в 2,1 раза меньше чем в Германии (846,3 миллиардов долларов) и на 1,6% меньше чем в Индии (417,2 миллиардов долларов). Промышленность на душу населения в России была на 13,8% больше чем в Китае (2,5 тысяч долларов) и в 8,8 раза больше чем в Индии (324,5 долларов); но в 3,6 раза меньше чем в Германии (10,4 тысяч долларов), в 3,3 раза меньше чем в Японии (9,3 тысяч долларов) и в 2,9 раза меньше чем в США (8,4 тысяч долларов). Рост промышленности в России был меньше чем в Китае (8,1%), в Индии (6,4%), в Германии (4,2%), в Японии (2,5%) и в США (1,6%).

Раздел 5.1. Перерабатывающая промышленность

(ISIC D)

Перерабатывающая промышленность России выросла с 92,8 миллиардов долларов в 1990х до 214,0 миллиардов долларов в год в 2010х, на 121,3 миллиардов долларов (в 2,3 раза). Изменение состоялось на 86,3 миллиардов долларов из-за 1,7-разового роста цен, а также на 37,7 миллиардов долларов из-за 1,4-разового увеличения производительности, а также на -2,7 миллиардов долларов из-за уменьшения населения. Среднегодовой рост переработки составил -0,43%. Минимальный размер перерабатывающей промышленности был 39,2 миллиардов долларов в 1999 году. Максимальный размер переработки был 260,8 миллиардов долларов в 2012 году.

Перерабатывающая промышленность России, млрд. долл. США

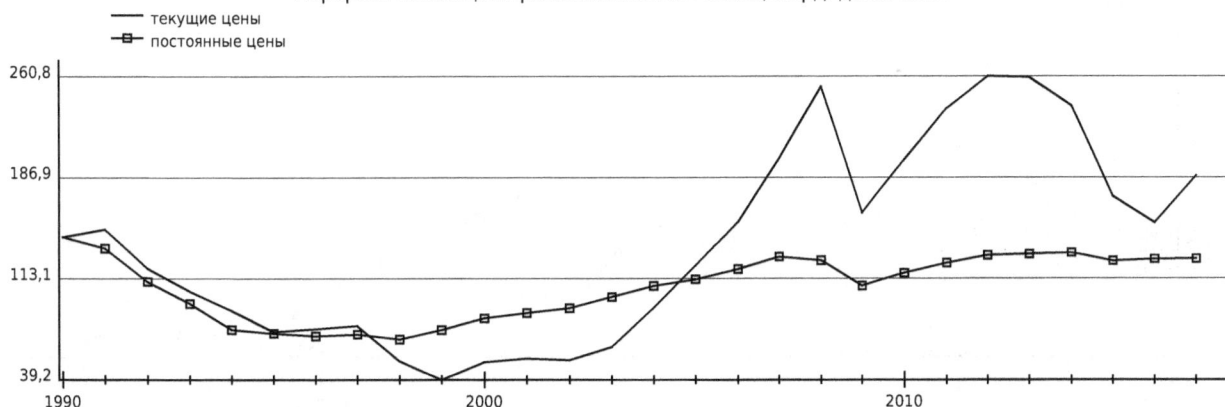

Перерабатывающая промышленность на душу населения в России, текущие цены, долл. США

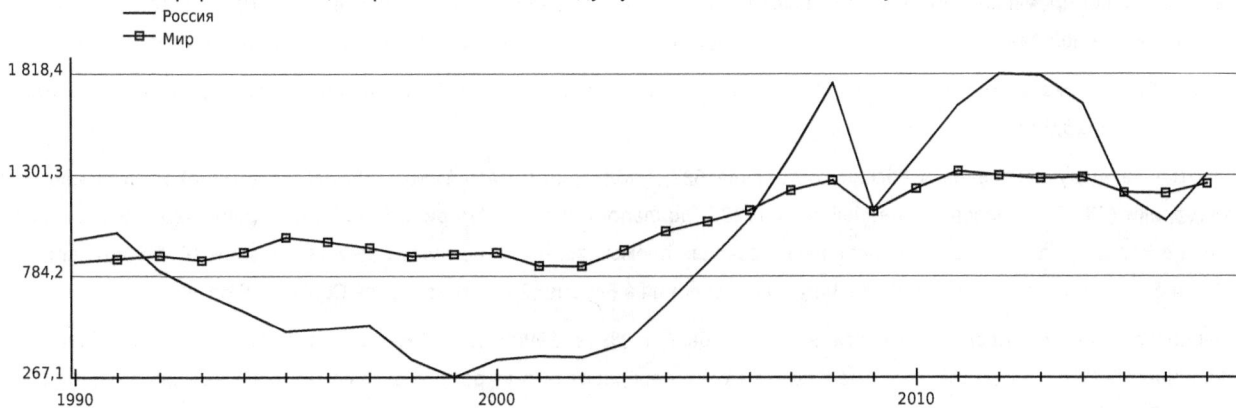

Рост переработки в России, постоянные цены, 1990=100%

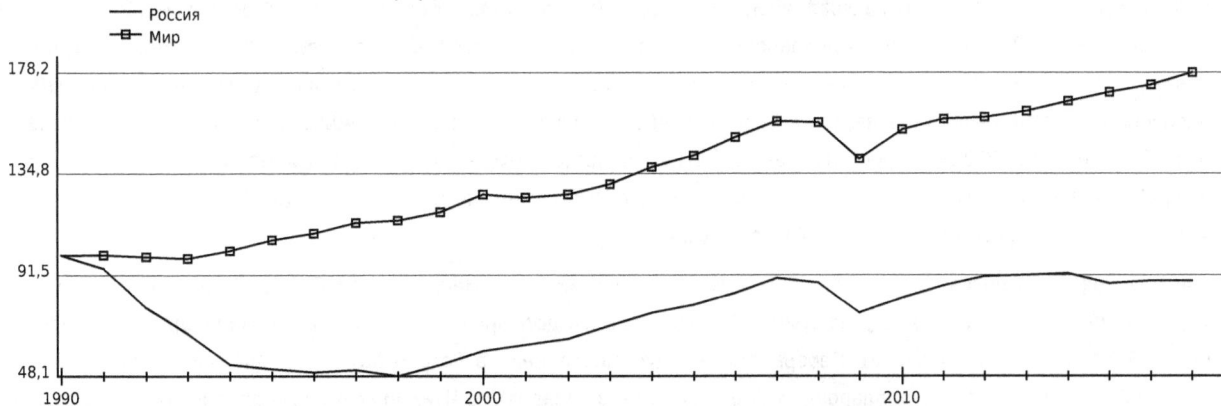

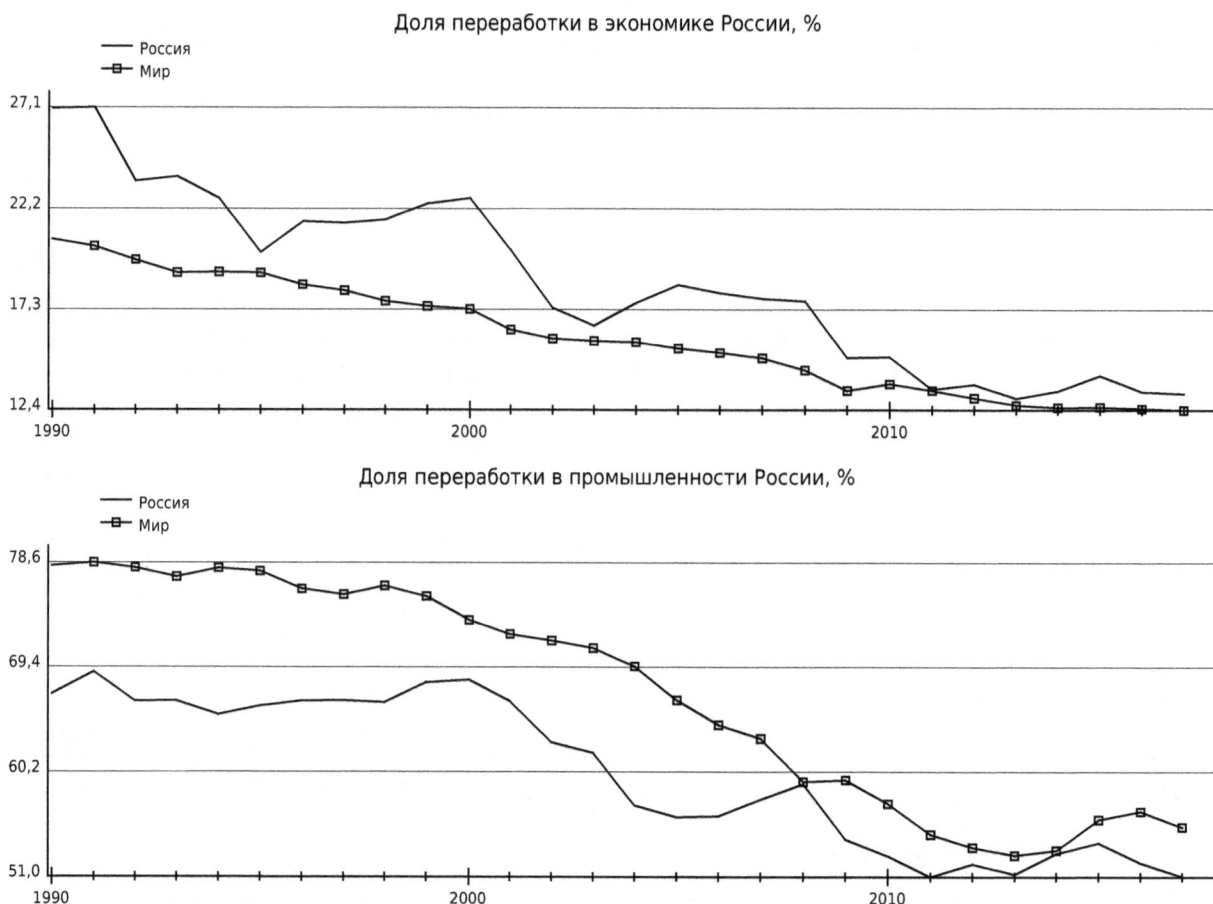

Доля переработки в экономике России, %

Доля переработки в промышленности России, %

1990-е

Перерабатывающая промышленность России была 92,8 миллиардов долларов в среднем в год в 1990х (11е место в мире) и была на уровне Южной Азии (92,8 миллиардов долларов). Доля в мире была 1,8%. Доля в Европе была на уровне 5,2%.

Доля переработки в экономике России была 23,6% в 1990х (28е место в мире), и была на уровне Сенегала (23,5%), Финляндии (23,8%), Германии (23,9%).

Переработка на душу населения в России составляла 627,1 долларов США в 1990х (65е место в мире) и была на уровне Южной Африки (631,0 долларов), Западной Азии (622,7 долларов), Южной Америки (640,5 долларов). Переработка на душу населения в России была меньше чем перерабатывающая промышленность на душу населения в мире (904,5 долларов США) на 30,7%, и была меньше чем переработка на душу населения в Европе (2 433,6 долларов США) в 3,9 раза.

Рост перерабатывающей промышленности в России был -6.8% в 1990х (189е место в мире). Рост перерабатывающей промышленности в России (-6,8%) был меньше чем рост переработки в мире (1,8%), был меньше чем рост переработки в Европе (0,16%).

Сравнение с соседями. Перерабатывающая промышленность России была больше чем в Финляндии (25,6 миллиардов долларов), в Украине (20,4 миллиардов долларов), в Беларуси (5,0 миллиардов долларов), в Казахстане (2,6 миллиардов долларов) и в Монголии (197,1 миллионов долларов); но меньше чем в Японии (1,0 триллионов долларов). Переработка на душу населения в России была больше чем в Беларуси (489,1 долларов), в Украине (402,5 долларов), в Казахстане (160,3 долларов) и в Монголии (86,2 долларов); но меньше чем в Японии (8,3 тысяч долларов) и в Финляндии (5,0 тысяч долларов). Рост переработки в России был больше чем в Украине (-11,7%); но меньше чем в Финляндии (4,5%), в Японии (1,1%), в Беларуси (-0,89%), в Казахстане (-3,0%) и в Монголии (-3,4%).

Сравнение с лидерами. Перерабатывающая промышленность России была меньше чем в США (1,2 триллионов долларов), в Японии (1,0 триллионов долларов), в Германии (471,1 миллиардов долларов), в Италии (225,6 миллиардов долларов) и во Франции (215,0 миллиардов долларов). Переработка на душу населения в России была меньше чем в Японии (8,3 тысяч долларов), в Германии (5,8 тысяч долларов), в США (4,7 тысяч долларов), в Италии (3,9 тысяч долларов) и во Франции (3,6 тысяч долларов). Рост переработки в России был меньше чем США (3,2%), во Франции (2,4%), в Японии (1,1%), в Италии (1,1%) и в Германии (0,31%).

2000-е

Перерабатывающая промышленность России была на уровне 120,8 миллиардов долларов в среднем в год в 2000х (13е место в мире) и была на уровне Африки (123,1 миллиардов долларов). Доля в мире составляла 1,8%. Доля в Европе была на уровне 5,2%.

Доля переработки в экономике России была 17,6% в 2000х (53е место в мире), и была на уровне Конго (17,6%), Италии (17,5%), Перу (17,5%).

Переработка на душу населения в России составляла 837,6 долларов США в 2000х (73е место в мире) и была на уровне Восточной Азии (840,1 долларов), Коста Рики (830,3 долларов), Западной Азии (854,5 долларов). Перерабатывающая промышленность на душу населения в России была меньше чем перерабатывающая промышленность на душу населения в мире (1 035,7 долларов США) на 19,1%, и была меньше чем перерабатывающая промышленность на душу населения в Европе (3 151,8 долларов США) в 3,8 раза.

Рост перерабатывающей промышленности в России был 3.6% в 2000х (86е место в мире) и был на уровне Джибутти (3,6%). Рост переработки в России (3,6%) был больше чем рост перерабатывающей промышленности в мире (1,8%), был больше чем рост перерабатывающей промышленности в Европе (0,85%).

Сравнение с соседями. Переработка России была больше чем в Финляндии (42,2 миллиардов долларов), в Украине (15,3 миллиардов долларов), в Казахстане (7,7 миллиардов долларов), в Беларуси (7,3 миллиардов долларов) и в Монголии (215,2 миллионов долларов); но меньше чем в Японии (992,9 миллиардов долларов). Переработка на душу населения в России была больше чем в Беларуси (750,4 долларов), в Казахстане (496,3 долларов), в Украине (323,1 долларов) и в Монголии (85,4 долларов); но меньше чем в Финляндии (8,0 тысяч долларов) и в Японии (7,7 тысяч долларов). Рост переработки в России был больше чем в Финляндии (2,3%) и в Японии (0,32%); но меньше чем в Беларуси (10,0%), в Монголии (7,1%), в Казахстане (6,9%) и в Украине (4,3%).

Сравнение с лидерами. Перерабатывающая промышленность России была меньше чем в США (1,6 триллионов долларов), в Японии (992,9 миллиардов долларов), в Германии (560,0 миллиардов долларов), в Италии (276,0 миллиардов долларов) и во Франции (256,2 миллиардов долларов). Переработка на душу населения в России была меньше чем в Японии (7,7 тысяч долларов), в Германии (6,9 тысяч долларов), в США (5,6 тысяч долларов), в Италии (4,7 тысяч долларов) и во Франции (4,1 тысяч долларов). Рост переработки в России был больше чем в США (1,6%), во Франции (0,75%), в Японии (0,32%), в Германии (0,14%) и в Италии (-1,2%).

2010-е

Перерабатывающая промышленность России была 214,0 миллиардов долларов в среднем в год в 2010х (10е место в мире). Доля в мире составляла 2,3%. Доля в Европе составляла 7,4%.

Доля перерабатывающей промышленности в экономике России была 13,6% в 2010х (82е место в мире), и была на уровне Испании (13,6%), Португалии (13,5%), Коста Рики (13,6%).

Перерабатывающая промышленность на душу населения в России составляла 1 490,2 долларов США в 2010х (63е место в мире) и была на уровне Венесуэлы (1 485,8 долларов), Беларуси (1 478,5 долларов). Перерабатывающая промышленность на душу населения в России была больше чем перерабатывающая промышленность на душу населения в мире (1 263,6 долларов США) на 17,9%, и была меньше чем перерабатывающая промышленность на душу населения в Европе (3 888,6 долларов США) в 2,6 раза.

Рост перерабатывающей промышленности в России был 2.1% в 2010х (127е место в мире) и был на уровне Португалии (2,1%), Швеции (2,1%), Омана (2,1%). Рост перерабатывающей промышленности в России (2,1%) был меньше чем рост перерабатывающей промышленности в мире (2,9%), был меньше чем рост переработки в Европе (3,0%).

Сравнение с соседями. Переработка России была в 5,5 раза больше чем в Финляндии (38,9 миллиардов долларов), в 10,6 раза больше чем в Казахстане (20,2 миллиардов долларов), в 12,9 раза больше чем в Украине (16,5 миллиардов долларов), в 15,3 раза больше чем в Беларуси (14,0 миллиардов долларов) и в 244,9 раза больше чем в Монголии (873,8 миллионов долларов);

но в 5,0 раза меньше чем в Японии (1,1 триллионов долларов). Перерабатывающая промышленность на душу населения в России была на 0,79% больше чем в Беларуси (1 478,5 долларов), на 27,9% больше чем в Казахстане (1 165,2 долларов), в 4,1 раза больше чем в Украине (367,4 долларов) и в 4,9 раза больше чем в Монголии (301,8 долларов); но в 5,6 раза меньше чем в Японии (8,3 тысяч долларов) и в 4,8 раза меньше чем в Финляндии (7,1 тысяч долларов). Рост переработки в России был больше чем в Финляндии (0,48%) и в Украине (-3,0%); но меньше чем в Монголии (7,4%), в Казахстане (4,4%), в Японии (3,2%) и в Беларуси (2,6%).

Сравнение с лидерами. Переработка России была в 9,4 раза меньше чем в США (2,0 триллионов долларов), в 5,0 раза меньше чем в Японии (1,1 триллионов долларов), в 3,5 раза меньше чем в Германии (743,6 миллиардов долларов), на 41,4% меньше чем в Южной Корее (365,4 миллиардов долларов) и на 32,7% меньше чем в Индии (318,3 миллиардов долларов). Переработка на душу населения в России была в 6,0 раза больше чем в Индии (247,5 долларов); но в 6,1 раза меньше чем в Германии (9,1 тысяч долларов), в 5,6 раза меньше чем в Японии (8,3 тысяч долларов), в 4,9 раза меньше чем в Южной Корее (7,3 тысяч долларов) и в 4,2 раза меньше чем в США (6,3 тысяч долларов). Рост переработки в России был больше чем в США (1,4%); но меньше чем в Индии (6,9%), в Германии (4,8%), в Южной Корее (4,7%) и в Японии (3,2%).

Раздел VI. Строительство

(ISIC F)

Строительство России выросло с 34,1 миллиардов долларов в 1990х до 113,5 миллиардов долларов в год в 2010х, на 79,4 миллиардов долларов (в 3,3 раза). Изменение состоялось на 62,0 миллиардов долларов из-за 2,2-разового роста цен, а также на 18,4 миллиардов долларов из-за 1,6-разового увеличения производительности, а также на -988,0 миллионов долларов из-за сокращения населения. Среднегодовой рост строительства составил -0,93%. Минимальный размер строительства был 10,7 миллиардов долларов в 1999 году. Максимальный размер строительства был 146,7 миллиардов долларов в 2012 году.

Строительство России, млрд. долл. США

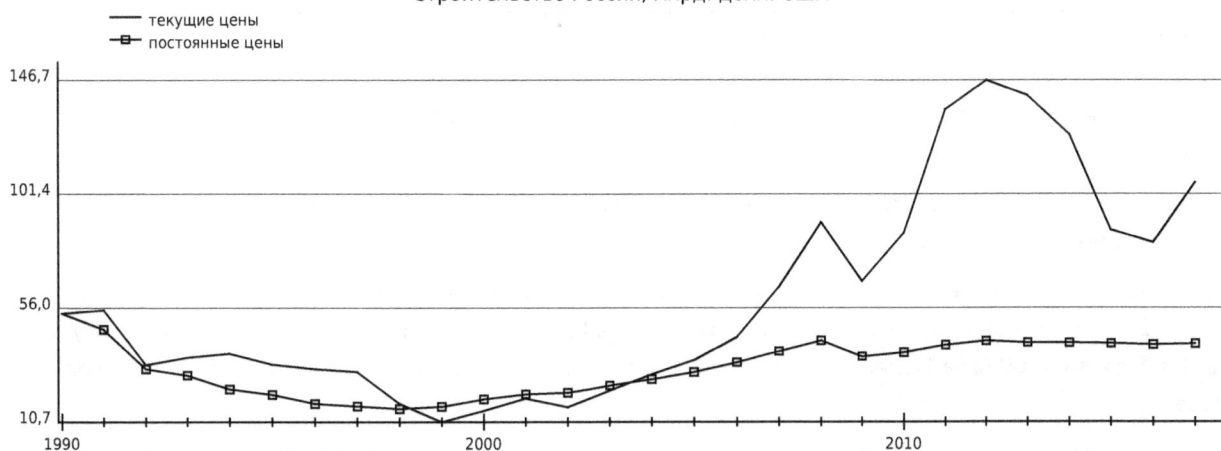

Строительство на душу населения в России, текущие цены, долл. США

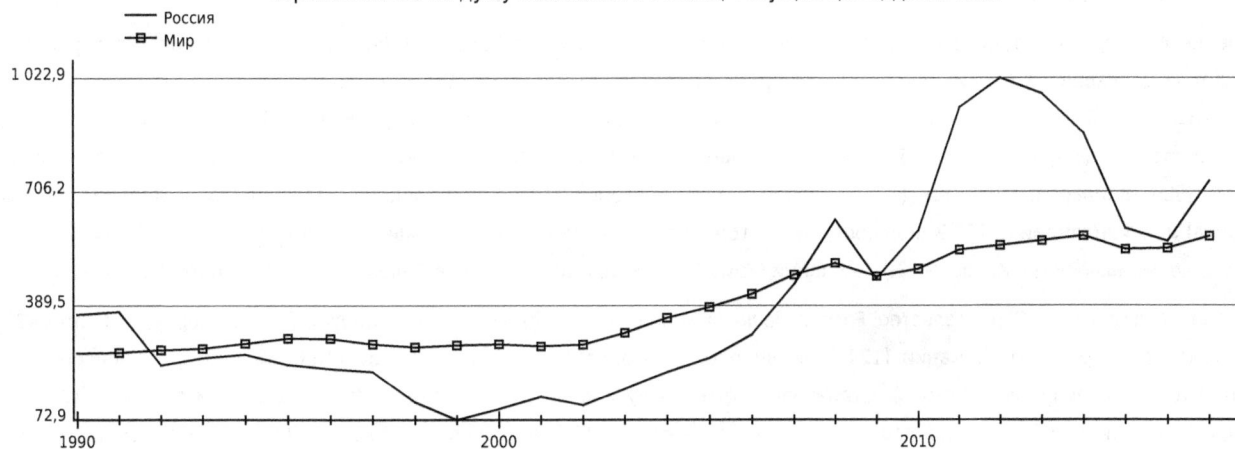

Рост строительства в России, постоянные цены, 1990=100%

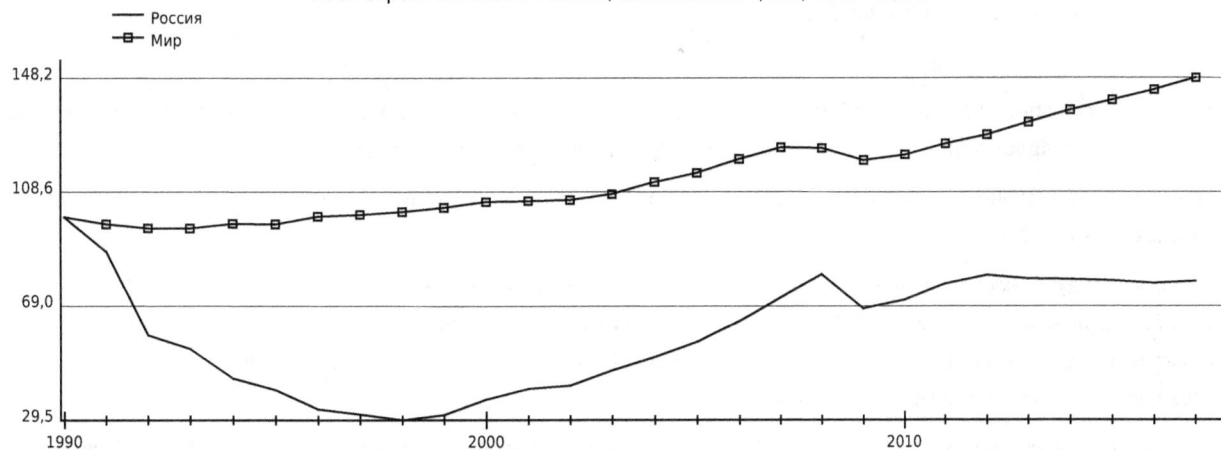

Доля строительства в экономике России, %

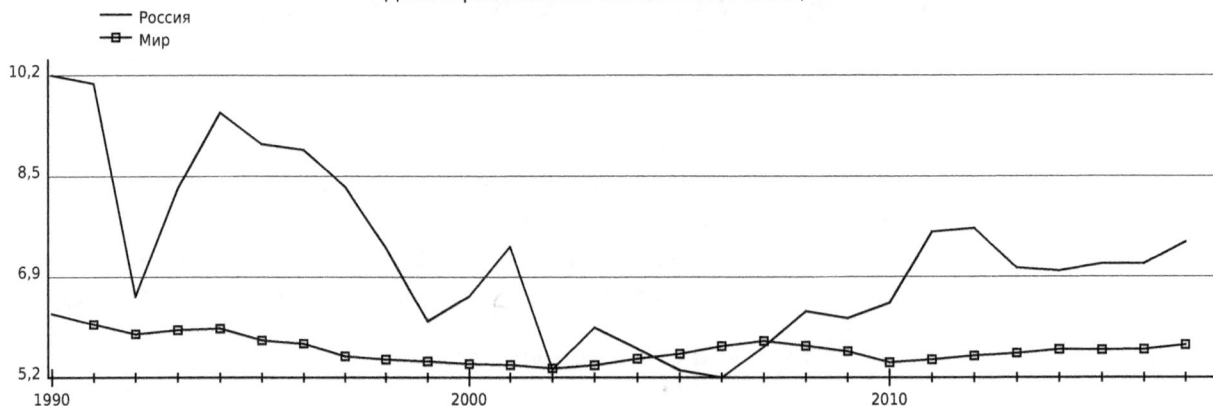

1990-е

Строительство России было 34,1 миллиардов долларов в среднем в год в 1990х (11е место в мире) и было на уровне Бразилии (34,9 миллиардов долларов). Доля в мире была на уровне 2,1%. Доля в Европе была 6,2%.

Доля строительства в экономике России была 8,7% в 1990х (29е место в мире), и была на уровне Гвинеи (8,7%), Тринидад и Тобаго (8,7%), Сант Винсент и Гренадин (8,6%).

Строительство на душу населения в России составляло 230,5 долларов США в 1990х (71е место в мире) и было на уровне Венесуэлы (234,1 долларов). Строительство на душу населения в России было меньше чем строительство на душу населения в мире (278,1 долларов США) на 17,1%, и было меньше чем строительство на душу населения в Европе (757,5 долларов США) в 3,3 раза.

Рост строительства в России был -12.1% в 1990х (195е место в мире). Рост строительства в России (-12,1%) был меньше чем рост строительства в мире (0,48%), был меньше чем рост строительства в Европе (-1,7%).

Сравнение с соседями. Строительство России было больше чем в Финляндии (6,4 миллиардов долларов), в Украине (4,5 миллиардов долларов), в Казахстане (1,7 миллиардов долларов), в Беларуси (1,0 миллиардов долларов) и в Монголии (76,1 миллионов долларов); но меньше чем в Японии (343,2 миллиардов долларов) и в Китае (41,3 миллиардов долларов). Строительство на душу населения в России было больше чем в Казахстане (104,3 долларов), в Беларуси (101,6 долларов), в Украине (88,0 долларов), в Китае (33,6 долларов) и в Монголии (33,3 долларов); но меньше чем в Японии (2,7 тысяч долларов) и в Финляндии (1 258,2 долларов). Рост строительства в России был больше чем в Казахстане (-15,2%) и в Украине (-21,3%); но меньше чем в Китае (9,9%), в Японии (-1,0%), в Финляндии (-3,0%), в Беларуси (-8,5%) и в Монголии (-9,9%).

Сравнение с лидерами. Строительство России было меньше чем в Японии (343,2 миллиардов долларов), в США (299,1 миллиардов долларов), в Германии (124,0 миллиардов долларов), в Великобритании (70,6 миллиардов долларов) и во Франции (68,8 миллиардов долларов). Строительство на душу населения в России было меньше чем в Японии (2,7 тысяч долларов), в Германии (1 535,9 долларов), в Великобритании (1 218,1 долларов), во Франции (1 150,3 долларов) и в США (1 129,4 долларов). Рост строительства в России был меньше чем в США (1,8%), в Германии (0,048%), в Великобритании (-0,19%), во Франции (-0,65%) и в Японии (-1,0%).

2000-е

Строительство России было на уровне 40,5 миллиардов долларов в среднем в год в 2000х (14е место в мире) и было на уровне Бразилии (39,8 миллиардов долларов). Доля в мире была 1,6%. Доля в Европе составляла 4,8%.

Доля строительства в экономике России была 5,9% в 2000х (98е место в мире), и была на уровне Ботсваны (5,9%), Катара (5,9%), Люксембурга (5,9%).

Строительство на душу населения в России составляло 280,5 долларов США в 2000х (89е место в мире) и было на уровне Ямайки (277,5 долларов), Маврикия (286,7 долларов). Строительство на душу населения в России было меньше чем строительство на душу населения в мире (380,6 долларов США) на 26,3%, и было меньше чем строительство на душу населения в Европе (1 141,4 долларов США) в 4,1 раза.

Рост строительства в России был 8.1% в 2000х (60е место в мире) и был на уровне Южной Африки (8,1%), Сейшелл (8,2%),

Западной Африки (8,2%). Рост строительства в России (8,1%) был больше чем рост строительства в мире (1,5%), был больше чем рост строительства в Европе (1,0%).

Сравнение с соседями. Строительство России было больше чем в Финляндии (11,0 миллиардов долларов), в Казахстане (5,0 миллиардов долларов), в Украине (3,3 миллиардов долларов), в Беларуси (2,3 миллиардов долларов) и в Монголии (141,9 миллионов долларов); но меньше чем в Японии (270,5 миллиардов долларов) и в Китае (150,1 миллиардов долларов). Строительство на душу населения в России было больше чем в Беларуси (238,7 долларов), в Китае (113,9 долларов), в Украине (70,5 долларов) и в Монголии (56,3 долларов); но меньше чем в Японии (2,1 тысяч долларов), в Финляндии (2,1 тысяч долларов) и в Казахстане (324,9 долларов). Рост строительства в России был больше чем в Монголии (2,2%), в Финляндии (0,52%), в Украине (-3,1%) и в Японии (-3,9%); но меньше чем в Казахстане (17,2%), в Беларуси (12,5%) и в Китае (11,9%).

Сравнение с лидерами. Строительство России было меньше чем в США (583,0 миллиардов долларов), в Японии (270,5 миллиардов долларов), в Китае (150,1 миллиардов долларов), в Великобритании (131,5 миллиардов долларов) и в Испании (109,6 миллиардов долларов). Строительство на душу населения в России было больше чем в Китае (113,9 долларов); но меньше чем в Испании (2,5 тысяч долларов), в Великобритании (2,2 тысяч долларов), в Японии (2,1 тысяч долларов) и в США (1 983,0 долларов). Рост строительства в России был больше чем в Испании (1,4%), в Великобритании (0,17%), в США (-2,6%) и в Японии (-3,9%); но меньше чем в Китае (11,9%).

2010-е

Строительство России составляло 113,5 миллиардов долларов в среднем в год в 2010х (10е место в мире) и было на уровне Бразилии (115,3 миллиардов долларов). Доля в мире составляла 2,8%. Доля в Европе была 11,0%.

Доля строительства в экономике России была 7,2% в 2010х (70е место в мире), и была на уровне Ирака (7,2%), Ямайки (7,2%), Суринама (7,2%).

Строительство на душу населения в России составляло 790,0 долларов США в 2010х (68е место в мире) и было на уровне Монсеррат (801,4 долларов). Строительство на душу населения в России было больше чем строительство на душу населения в мире (553,9 долларов США) на 42,6%, и было меньше чем строительство на душу населения в Европе (1 395,7 долларов США) на 43,4%.

Рост строительства в России был 1.6% в 2010х (131е место в мире). Рост строительства в России (1,6%) был меньше чем рост строительства в мире (2,7%), был больше чем рост строительства в Европе (-0,12%).

Сравнение с соседями. Строительство России было в 7,8 раза больше чем в Финляндии (14,5 миллиардов долларов), в 9,9 раза больше чем в Казахстане (11,5 миллиардов долларов), в 22,7 раза больше чем в Беларуси (5,0 миллиардов долларов), в 32,2 раза больше чем в Украине (3,5 миллиардов долларов) и в 249,3 раза больше чем в Монголии (455,1 миллионов долларов); но в 5,7 раза меньше чем в Китае (651,0 миллиардов долларов) и в 2,4 раза меньше чем в Японии (275,2 миллиардов долларов). Строительство на душу населения в России было на 19,2% больше чем в Казахстане (662,8 долларов), на 49,9% больше чем в Беларуси (527,1 долларов), на 68,1% больше чем в Китае (469,8 долларов), в 5,0 раза больше чем в Монголии (157,2 долларов) и в 10,1 раза больше чем в Украине (78,4 долларов); но в 3,4 раза меньше чем в Финляндии (2,7 тысяч долларов) и в 2,7 раза меньше чем в Японии (2,1 тысяч долларов). Рост строительства в России был больше чем в Финляндии (1,4%), в Беларуси (-1,9%) и в Украине (-3,9%); но меньше чем в Монголии (12,4%), в Китае (8,8%), в Казахстане (3,5%) и в Японии (1,9%).

Сравнение с лидерами. Строительство России было в 5,7 раза меньше чем в Китае (651,0 миллиардов долларов), в 5,6 раза меньше чем в США (631,1 миллиардов долларов), в 2,4 раза меньше чем в Японии (275,2 миллиардов долларов), на 28,0% меньше чем в Индии (157,6 миллиардов долларов) и на 23,2% меньше чем в Германии (147,8 миллиардов долларов). Строительство на душу населения в России было на 68,1% больше чем в Китае (469,8 долларов) и в 6,4 раза больше чем в Индии (122,6 долларов); но в 2,7 раза меньше чем в Японии (2,1 тысяч долларов), в 2,5 раза меньше чем в США (1 993,3 долларов) и в 2,3 раза меньше чем в Германии (1 815,1 долларов). Рост строительства в России был больше чем в США (0,98%); но меньше чем в Китае (8,8%), в Индии (4,6%), в Германии (1,9%) и в Японии (1,9%).

Раздел VII. Сфера транспорта и связи

Транспорт, хранение и связь (ISIC I)

Сфера транспорта России увеличлась с 38,4 миллиардов долларов в 1990х до 124,4 миллиардов долларов в год в 2010х, на 85,9 миллиардов долларов (в 3,2 раза). Изменение состоялось на 67,9 миллиардов долларов из-за 2,2-разового увеличения цен, а также на 19,2 миллиардов долларов из-за 1,5-разового увеличения производительности, а также на -1,1 миллиардов долларов из-за сокращения населения. Среднегодовой рост транспортировки составил -0,14%. Минимальный размер сферы транспорта был 16,3 миллиардов долларов в 1999 году. Максимальный размер сферы транспорта был 161,5 миллиардов долларов в 2013 году.

Сфера транспорта России, млрд. долл. США

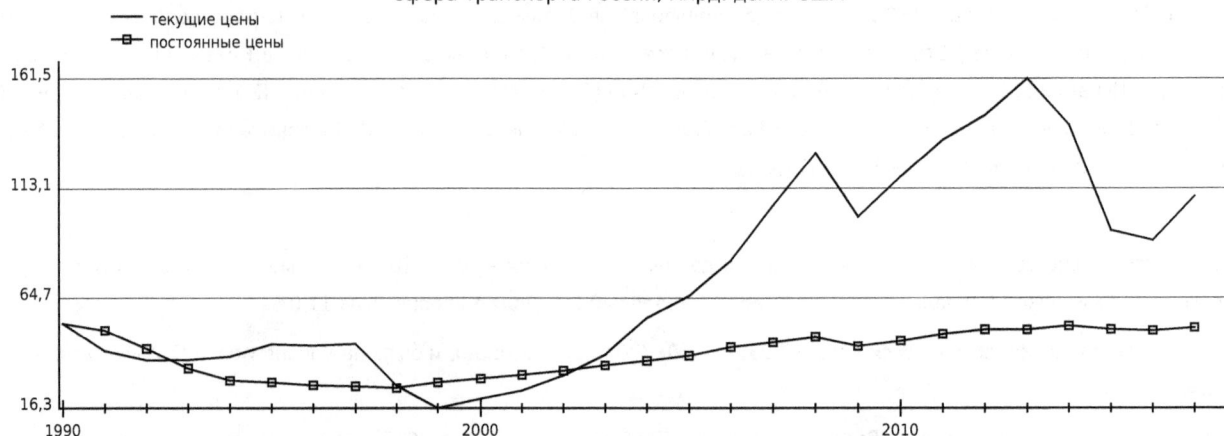

Сфера транспорта на душу населения в России, текущие цены, долл. США

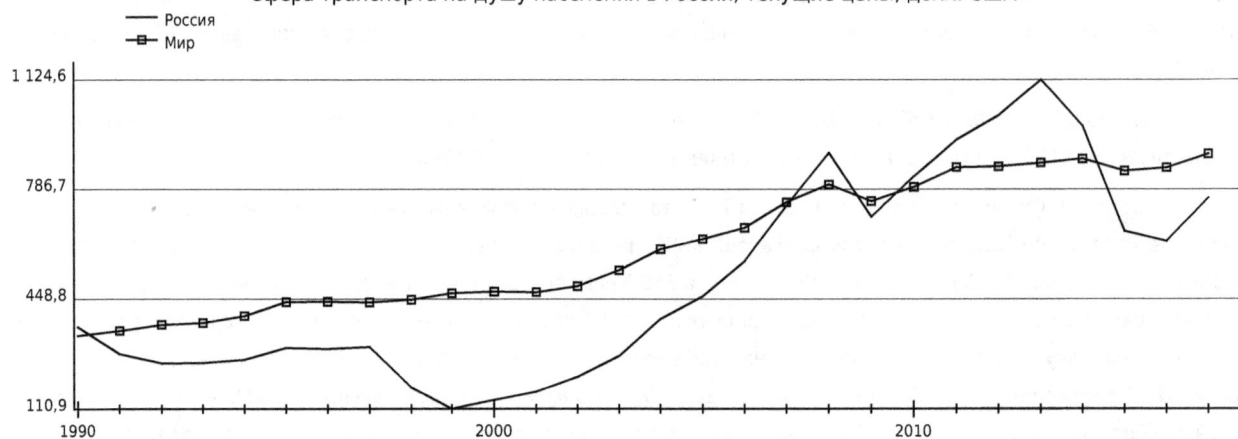

Рост сферы транспорта в России, постоянные цены, 1990=100%

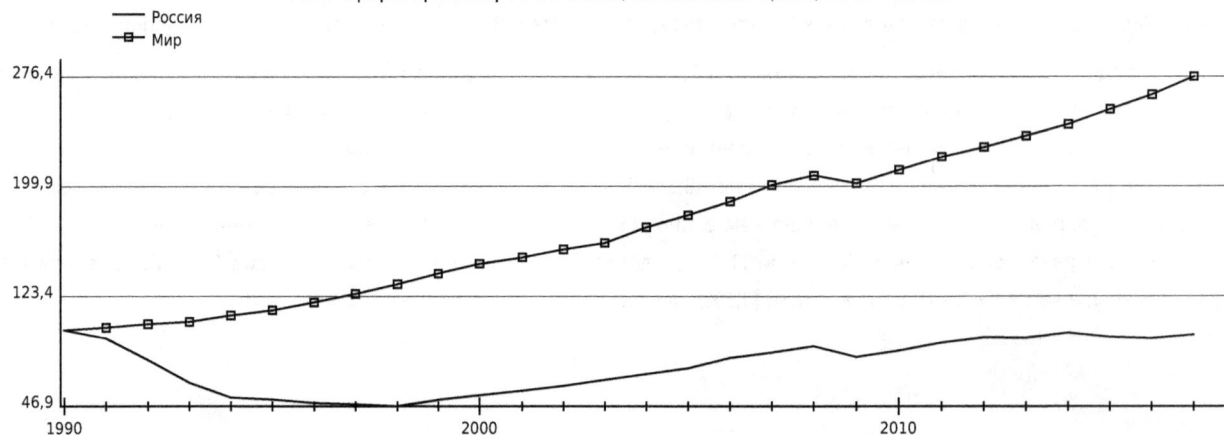

Доля сферы транспорта в экономике России, %

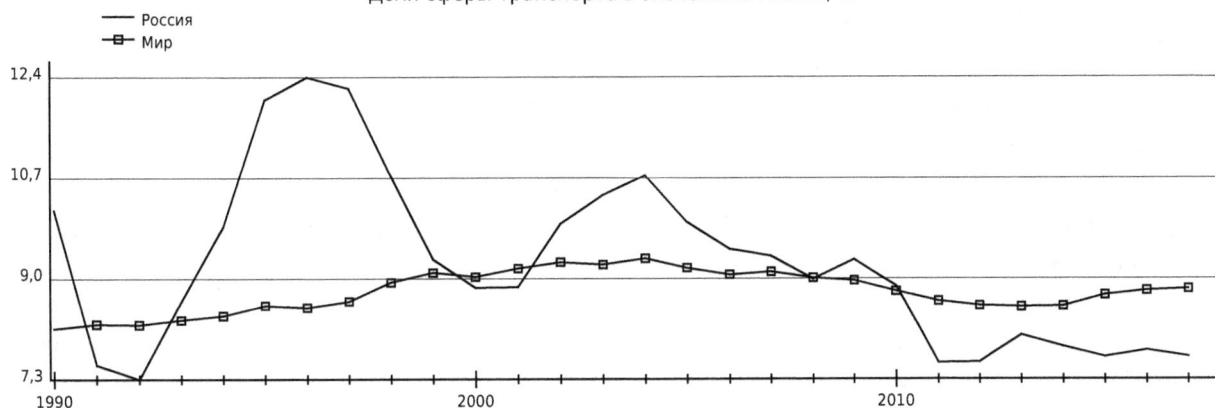

1990-е

Сфера транспорта и связи России была 38,4 миллиардов долларов в среднем в год в 1990х (10е место в мире) и была на уровне Океании (38,6 миллиардов долларов), Центральной Америки (37,6 миллиардов долларов). Доля в мире составляла 1,6%. Доля в Европе была 4,9%.

Доля сферы транспорта в экономике России была 9,8% в 1990х (63е место в мире), и была на уровне Вануату (9,8%), Дании (9,8%), Южной Африки (9,7%).

Сфера транспорта и связи на душу населения в России составляла 259,9 долларов США в 1990х (83е место в мире). Сфера транспорта и связи на душу населения в России была меньше чем транспортировка на душу населения в мире (408,5 долларов США) на 36,4%, и была меньше чем сфера транспорта на душу населения в Европе (1 075,4 долларов США) в 4,1 раза.

Рост транспортировки в России был -7.1% в 1990х (193е место в мире). Рост сферы транспорта в России (-7,1%) был меньше чем рост транспортировки в мире (3,8%), был меньше чем рост транспортировки в Европе (2,2%).

Сравнение с соседями. Сфера транспорта и связи России была больше чем в Финляндии (11,1 миллиардов долларов), в Украине (6,1 миллиардов долларов), в Казахстане (2,4 миллиардов долларов), в Беларуси (1,5 миллиардов долларов) и в Монголии (115,8 миллионов долларов); но меньше чем в Японии (373,9 миллиардов долларов) и в Китае (40,5 миллиардов долларов). Транспортировка на душу населения в России была больше чем в Казахстане (149,7 долларов), в Беларуси (149,5 долларов), в Украине (121,1 долларов), в Монголии (50,6 долларов) и в Китае (32,9 долларов); но меньше чем в Японии (3,0 тысяч долларов) и в Финляндии (2,2 тысяч долларов). Рост транспортировки в России был больше чем в Казахстане (-8,7%) и в Украине (-15,5%); но меньше чем в Китае (10,4%), в Финляндии (3,4%), в Японии (3,0%), в Монголии (-5,8%) и в Беларуси (-6,7%).

Сравнение с лидерами. Сфера транспорта и связи России была меньше чем в США (702,6 миллиардов долларов), в Японии (373,9 миллиардов долларов), в Германии (144,7 миллиардов долларов), во Франции (118,7 миллиардов долларов) и в Великобритании (113,0 миллиардов долларов). Транспортировка на душу населения в России была меньше чем в Японии (3,0 тысяч долларов), в США (2,7 тысяч долларов), во Франции (1 984,5 долларов), в Великобритании (1 951,1 долларов) и в Германии (1 792,8 долларов). Рост транспортировки в России был меньше чем в США (5,0%), в Великобритании (4,8%), во Франции (4,8%), в Германии (4,0%) и в Японии (3,0%).

2000-е

Транспортировка России была на уровне 65,2 миллиардов долларов в среднем в год в 2000х (11е место в мире) и была на уровне Австралазии (65,2 миллиардов долларов), Южной Кореи (64,2 миллиардов долларов). Доля в мире была на уровне 1,6%. Доля в Европе была 4,8%.

Доля сферы транспорта в экономике России была 9,5% в 2000х (95е место в мире), и была на уровне Чили (9,6%), Западной Европы (9,5%), Сальвадора (9,6%).

Транспортировка на душу населения в России составляла 452,2 долларов США в 2000х (86е место в мире) и была на уровне Восточной Азии (463,6 долларов), Казахстана (463,8 долларов). Сфера транспорта и связи на душу населения в России была меньше чем сфера транспорта на душу населения в мире (621,5 долларов США) на 27,2%, и была меньше чем сфера транспорта на душу населения в Европе (1 854,4 долларов США) в 4,1 раза.

Рост транспортировки в России был 4.7% в 2000х (116е место в мире) и был на уровне Вест-Индии (4,6%), Словении (4,7%), Люксембурга (4,7%). Рост транспортировки в России (4,7%) был больше чем рост сферы транспорта в мире (3,8%), был больше чем рост сферы транспорта в Европе (3,2%).

Сравнение с соседями. Сфера транспорта и связи России была больше чем в Финляндии (18,5 миллиардов долларов), в Украине (9,9 миллиардов долларов), в Казахстане (7,2 миллиардов долларов), в Беларуси (2,4 миллиардов долларов) и в Монголии (314,3 миллионов долларов); но меньше чем в Японии (468,5 миллиардов долларов) и в Китае (140,8 миллиардов долларов). Сфера транспорта на душу населения в России была больше чем в Беларуси (248,2 долларов), в Украине (210,2 долларов), в Монголии (124,7 долларов) и в Китае (106,9 долларов); но меньше чем в Японии (3,7 тысяч долларов), в Финляндии (3,5 тысяч долларов) и в Казахстане (463,8 долларов). Рост сферы транспорта в России был больше чем в Беларуси (4,5%), в Финляндии (1,9%) и в Японии (1,5%); но меньше чем в Монголии (13,6%), в Казахстане (10,3%), в Китае (8,8%) и в Украине (6,6%).

Сравнение с лидерами. Сфера транспорта и связи России была меньше чем в США (1,2 триллионов долларов), в Японии (468,5 миллиардов долларов), в Германии (231,2 миллиардов долларов), в Великобритании (219,2 миллиардов долларов) и во Франции (185,6 миллиардов долларов). Сфера транспорта и связи на душу населения в России была меньше чем в США (4,0 тысяч долларов), в Японии (3,7 тысяч долларов), в Великобритании (3,6 тысяч долларов), во Франции (2,9 тысяч долларов) и в Германии (2,8 тысяч долларов). Рост сферы транспорта в России был больше чем в Германии (3,6%), в США (3,1%), в Великобритании (2,9%), во Франции (2,7%) и в Японии (1,5%).

2010-е

Транспортировка России составляла 124,4 миллиардов долларов в среднем в год в 2010х (11е место в мире) и была на уровне Канады (125,6 миллиардов долларов), Океании (122,4 миллиардов долларов). Доля в мире была 2,0%. Доля в Европе была на уровне 7,0%.

Доля сферы транспорта в экономике России была 7,9% в 2010х (137е место в мире), и была на уровне Канады (7,9%), Гватемалы (7,8%).

Сфера транспорта и связи на душу населения в России составляла 865,9 долларов США в 2010х (83е место в мире) и была на уровне Малайзии (868,2 долларов), Доминики (869,6 долларов), мира (856,3 долларов). Сфера транспорта на душу населения в России была больше чем транспортировка на душу населения в мире (856,3 долларов США) на 1,1%, и была меньше чем сфера транспорта на душу населения в Европе (2 400,8 долларов США) в 2,8 раза.

Рост транспортировки в России был 2.2% в 2010х (157е место в мире) и был на уровне Багам (2,2%), Южной Африки (2,2%). Рост транспортировки в России (2,2%) был меньше чем рост транспортировки в мире (4,0%), был меньше чем рост сферы транспорта в Европе (2,4%).

Сравнение с соседями. Транспортировка России была в 5,4 раза больше чем в Финляндии (23,0 миллиардов долларов), в 6,5 раза больше чем в Казахстане (19,2 миллиардов долларов), в 8,8 раза больше чем в Украине (14,1 миллиардов долларов), в 22,0 раза больше чем в Беларуси (5,7 миллиардов долларов) и в 150,2 раза больше чем в Монголии (828,1 миллионов долларов); но в 4,3 раза меньше чем в Японии (536,6 миллиардов долларов) и в 3,4 раза меньше чем в Китае (426,0 миллиардов долларов). Сфера транспорта на душу населения в России была на 45,1% больше чем в Беларуси (596,8 долларов), в 2,8 раза больше чем в Украине (313,0 долларов), в 2,8 раза больше чем в Китае (307,4 долларов) и в 3,0 раза больше чем в Монголии (286,0 долларов); но в 4,9 раза меньше чем в Финляндии (4,2 тысяч долларов), в 4,8 раза меньше чем в Японии (4,2 тысяч долларов) и на 21,9% меньше чем в Казахстане (1 108,6 долларов). Рост транспортировки в России был больше чем в Украине (0,72%) и в Японии (0,54%); но меньше чем в Монголии (8,5%), в Китае (7,2%), в Казахстане (6,8%), в Беларуси (5,3%) и в Финляндии (2,8%).

Сравнение с лидерами. Сфера транспорта и связи России была в 13,6 раза меньше чем в США (1,7 триллионов долларов), в 4,3 раза меньше чем в Японии (536,6 миллиардов долларов), в 3,4 раза меньше чем в Китае (426,0 миллиардов долларов), в 2,4 раза меньше чем в Германии (302,2 миллиардов долларов) и в 2,1 раза меньше чем в Великобритании (256,1 миллиардов долларов). Транспортировка на душу населения в России была в 2,8 раза больше чем в Китае (307,4 долларов); но в 6,2 раза меньше чем в США (5,4 тысяч долларов), в 4,8 раза меньше чем в Японии (4,2 тысяч долларов), в 4,6 раза меньше чем в Великобритании (4,0 тысяч долларов) и в 4,3 раза меньше чем в Германии (3,7 тысяч долларов). Рост сферы транспорта в России был больше чем в Японии (0,54%); но меньше чем в Китае (7,2%), в США (4,9%), в Великобритании (2,8%) и в Германии (2,5%).

Раздел VIII. Сфера торговли

Оптовая и розничная торговля, ресторанно-отельный бизнес (ISIC G-H)

Сфера торговли России выросла с 73,9 миллиардов долларов в 1990х до 282,9 миллиардов долларов в год в 2010х, на 209,0 миллиардов долларов (в 3,8 раза). Изменение состоялось на 108,6 миллиардов долларов из-за 1,6-разового увеличения цен, а также на 102,5 миллиардов долларов из-за 2,4-разового увеличения производительности, а также на -2,1 миллиардов долларов из-за сокращения населения. Среднегодовой рост торговли составил 2,9%. Минимальный размер сферы торговли был 34,8 миллиардов долларов в 1990 году. Максимальный размер торговли был 342,3 миллиардов долларов в 2013 году.

Торговля России, млрд. долл. США

Торговля на душу населения в России, текущие цены, долл. США

Рост торговли в России, постоянные цены, 1990=100%

Доля торговли в экономике России, %

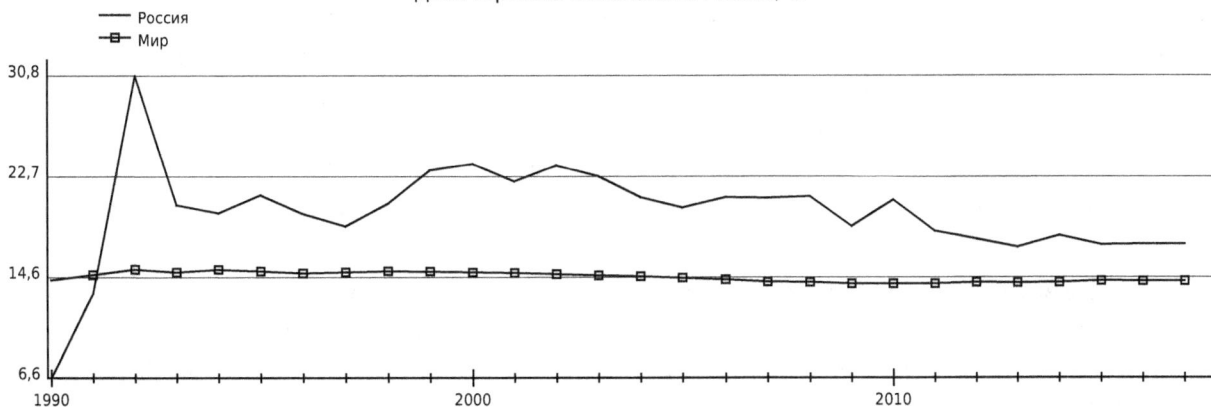

1990-е

Торговля России была 73,9 миллиардов долларов в среднем в год в 1990х (10е место в мире). Доля в мире составляла 1,8%. Доля в Европе составляла 5,7%.

Доля сферы торговли в экономике России была 18,8% в 1990х (53е место в мире), и была на уровне Гренады (18,8%), Непал (18,7%), Папуа Новой Гвинеи (19,0%).

Сфера торговли на душу населения в России составляла 499,9 долларов США в 1990х (80е место в мире) и была на уровне Маврикия (499,7 долларов), Коста Рики (506,7 долларов), Тайланда (491,5 долларов). Торговля на душу населения в России была меньше чем сфера торговли на душу населения в мире (719,8 долларов США) на 30,6%, и была меньше чем торговля на душу населения в Европе (1 787,4 долларов США) в 3,6 раза.

Рост сферы торговли в России был -1.9% в 1990х (179е место в мире). Рост сферы торговли в России (-1,9%) был меньше чем рост сферы торговли в мире (3,4%), был меньше чем рост сферы торговли в Европе (1,9%).

Сравнение с соседями. Торговля России была больше чем в Китае (71,6 миллиардов долларов), в Финляндии (12,0 миллиардов долларов), в Украине (4,5 миллиардов долларов), в Казахстане (3,0 миллиардов долларов), в Беларуси (1,4 миллиардов долларов) и в Монголии (358,7 миллионов долларов); но меньше чем в Японии (713,2 миллиардов долларов). Сфера торговли на душу населения в России была больше чем в Казахстане (185,6 долларов), в Монголии (156,8 долларов), в Беларуси (139,9 долларов), в Украине (88,5 долларов) и в Китае (58,2 долларов); но меньше чем в Японии (5,7 тысяч долларов) и в Финляндии (2,4 тысяч долларов). Рост торговли в России был больше чем в Монголии (-2,0%), в Казахстане (-3,0%) и в Украине (-12,5%); но меньше чем в Китае (7,7%), в Японии (3,8%), в Финляндии (-0,23%) и в Беларуси (-0,85%).

Сравнение с лидерами. Сфера торговли России была меньше чем в США (1,2 триллионов долларов), в Японии (713,2 миллиардов долларов), в Германии (244,4 миллиардов долларов), в Италии (184,6 миллиардов долларов) и во Франции (177,0 миллиардов долларов). Торговля на душу населения в России была меньше чем в Японии (5,7 тысяч долларов), в США (4,4 тысяч долларов), в Италии (3,2 тысяч долларов), в Германии (3,0 тысяч долларов) и во Франции (3,0 тысяч долларов). Рост сферы торговли в России был меньше чем в США (4,3%), в Японии (3,8%), в Германии (2,6%), во Франции (2,4%) и в Италии (1,8%).

2000-е

Торговля России была 143,6 миллиардов долларов в среднем в год в 2000х (10е место в мире) и была на уровне Южной Азии (144,6 миллиардов долларов). Доля в мире составляла 2,2%. Доля в Европе была на уровне 7,1%.

Доля сферы торговли в экономике России была 20,9% в 2000х (29е место в мире), и была на уровне Белиза (21,1%).

Торговля на душу населения в России составляла 995,9 долларов США в 2000х (73е место в мире) и была на уровне мира (990,0 долларов), Кубы (989,5 долларов). Сфера торговли на душу населения в России была больше чем торговля на душу населения в мире (990,0 долларов США) на 0,60%, и была меньше чем торговля на душу населения в Европе (2 754,9 долларов США) в 2,8 раза.

Рост сферы торговли в России был 8.4% в 2000х (29е место в мире). Рост сферы торговли в России (8,4%) был больше чем рост сферы торговли в мире (2,5%), был больше чем рост торговли в Европе (2,2%).

Сравнение с соседями. Сфера торговли России была больше чем в Финляндии (19,2 миллиардов долларов), в Украине (11,6 миллиардов долларов), в Казахстане (8,2 миллиардов долларов), в Беларуси (3,4 миллиардов долларов) и в Монголии (382,9 миллионов долларов); но меньше чем в Японии (771,8 миллиардов долларов) и в Китае (262,0 миллиардов долларов). Сфера торговли на душу населения в России была больше чем в Казахстане (525,6 долларов), в Беларуси (351,0 долларов), в Украине (246,7 долларов), в Китае (198,9 долларов) и в Монголии (151,9 долларов); но меньше чем в Японии (6,0 тысяч долларов) и в Финляндии (3,7 тысяч долларов). Рост сферы торговли в России был больше чем в Казахстане (8,2%), в Монголии (7,9%), в Финляндии (3,0%) и в Японии (-0,77%); но меньше чем в Китае (11,9%), в Беларуси (10,3%) и в Украине (9,4%).

Сравнение с лидерами. Торговля России была меньше чем в США (1,9 триллионов долларов), в Японии (771,8 миллиардов долларов), в Германии (299,0 миллиардов долларов), в Великобритании (288,2 миллиардов долларов) и в Китае (262,0 миллиардов долларов). Торговля на душу населения в России была больше чем в Китае (198,9 долларов); но меньше чем в США (6,4 тысяч долларов), в Японии (6,0 тысяч долларов), в Великобритании (4,8 тысяч долларов) и в Германии (3,7 тысяч долларов). Рост торговли в России был больше чем в Германии (1,8%), в Великобритании (1,2%), в США (1,1%) и в Японии (-0,77%); но меньше чем в Китае (11,9%).

2010-е

Сфера торговли России была 282,9 миллиардов долларов в среднем в год в 2010х (8е место в мире). Доля в мире была на уровне 2,8%. Доля в Европе была 10,7%.

Доля сферы торговли в экономике России была 17,9% в 2010х (63е место в мире), и была на уровне Малайзии (17,9%), Юго-Восточной Азии (17,8%), Вест-Индии (17,8%).

Сфера торговли на душу населения в России составляла 1 969,9 долларов США в 2010х (70е место в мире) и была на уровне Аргентины (1 968,4 долларов), Брунея (1 945,4 долларов), Латвии (2,0 тысяч долларов). Торговля на душу населения в России была больше чем торговля на душу населения в мире (1 405,7 долларов США) на 40,1%, и была меньше чем торговля на душу населения в Европе (3 571,2 долларов США) на 44,8%.

Рост торговли в России был 1.8% в 2010х (155е место в мире) и был на уровне Словении (1,8%). Рост торговли в России (1,8%) был меньше чем рост торговли в мире (3,2%), был меньше чем рост сферы торговли в Европе (1,9%).

Сравнение с соседями. Торговля России была в 9,4 раза больше чем в Казахстане (30,2 миллиардов долларов), в 11,4 раза больше чем в Финляндии (24,8 миллиардов долларов), в 13,8 раза больше чем в Украине (20,4 миллиардов долларов), в 34,9 раза больше чем в Беларуси (8,1 миллиардов долларов) и в 194,2 раза больше чем в Монголии (1,5 миллиардов долларов); но в 3,8 раза меньше чем в Китае (1,1 триллионов долларов) и в 3,1 раза меньше чем в Японии (882,4 миллиардов долларов). Сфера торговли на душу населения в России была на 12,9% больше чем в Казахстане (1 744,9 долларов), в 2,3 раза больше чем в Беларуси (856,2 долларов), в 2,6 раза больше чем в Китае (772,5 долларов), в 3,9 раза больше чем в Монголии (503,3 долларов) и в 4,3 раза больше чем в Украине (454,3 долларов); но в 3,5 раза меньше чем в Японии (6,9 тысяч долларов) и в 2,3 раза меньше чем в Финляндии (4,5 тысяч долларов). Рост торговли в России был больше чем в Японии (0,87%), в Финляндии (0,83%) и в Украине (-1,5%); но меньше чем в Монголии (11,7%), в Китае (9,2%), в Казахстане (7,5%) и в Беларуси (4,2%).

Сравнение с лидерами. Торговля России была в 8,9 раза меньше чем в США (2,5 триллионов долларов), в 3,8 раза меньше чем в Китае (1,1 триллионов долларов), в 3,1 раза меньше чем в Японии (882,4 миллиардов долларов), на 22,8% меньше чем в Германии (366,5 миллиардов долларов) и на 12,8% меньше чем в Великобритании (324,3 миллиардов долларов). Сфера торговли на душу населения в России была в 2,6 раза больше чем в Китае (772,5 долларов); но в 4,0 раза меньше чем в США (7,9 тысяч долларов), в 3,5 раза меньше чем в Японии (6,9 тысяч долларов), в 2,5 раза меньше чем в Великобритании (5,0 тысяч долларов) и в 2,3 раза меньше чем в Германии (4,5 тысяч долларов). Рост торговли в России был больше чем в Германии (1,7%) и в Японии (0,87%); но меньше чем в Китае (9,2%), в Великобритании (2,9%) и в США (2,5%).

Раздел IX. Сфера услуг

(ISIC J-P)

Сфера услуг России увеличлась с 71,4 миллиардов долларов в 1990х до 583,7 миллиардов долларов в год в 2010х, на 512,3 миллиардов долларов (в 8,2 раза). Изменение состоялось на 467,3 миллиардов долларов из-за 5,0-разового увеличения цен, а также на 47,1 миллиардов долларов из-за 1,7-разового роста производительности, а также на -2,1 миллиардов долларов из-за уменьшения населения. Среднегодовой рост сферы услуг составил 1,6%. Минимальный размер сферы услуг был 37,0 миллиардов долларов в 1999 году. Максимальный размер сферы услуг был 781,9 миллиардов долларов в 2013 году.

Сфера услуг России, млрд. долл. США

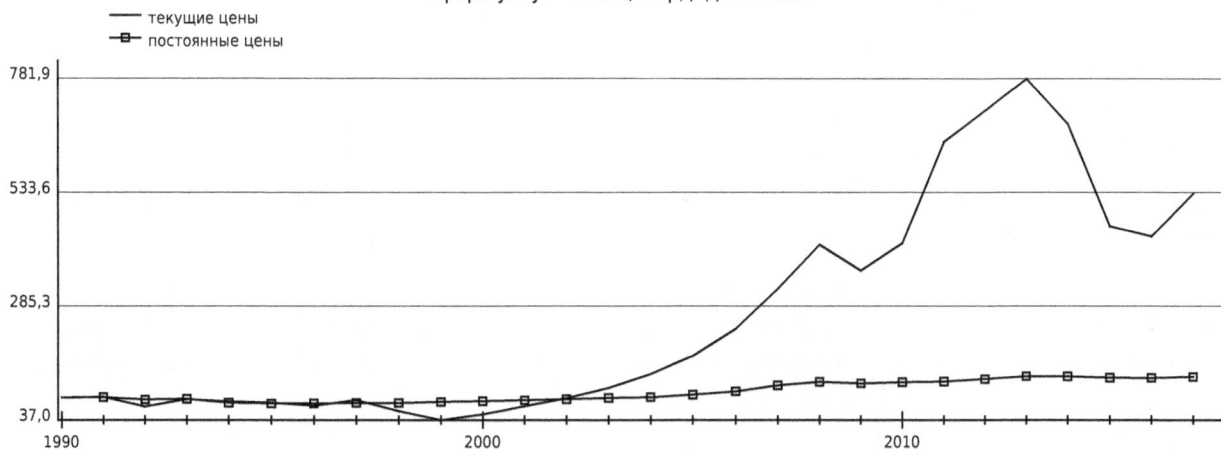

Сфера услуг на душу населения в России, текущие цены, долл. США

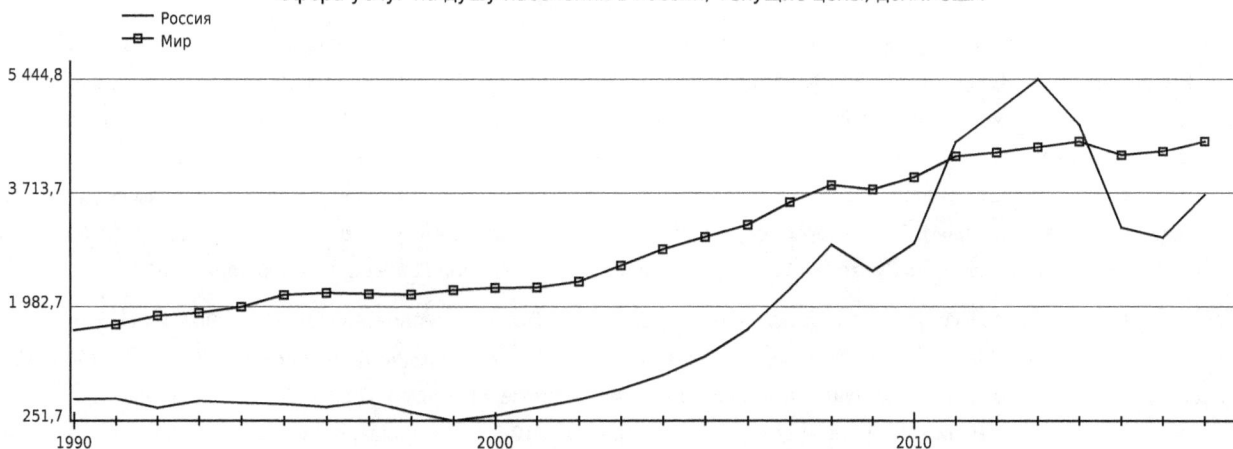

Рост сферы услуг в России, постоянные цены, 1990=100%

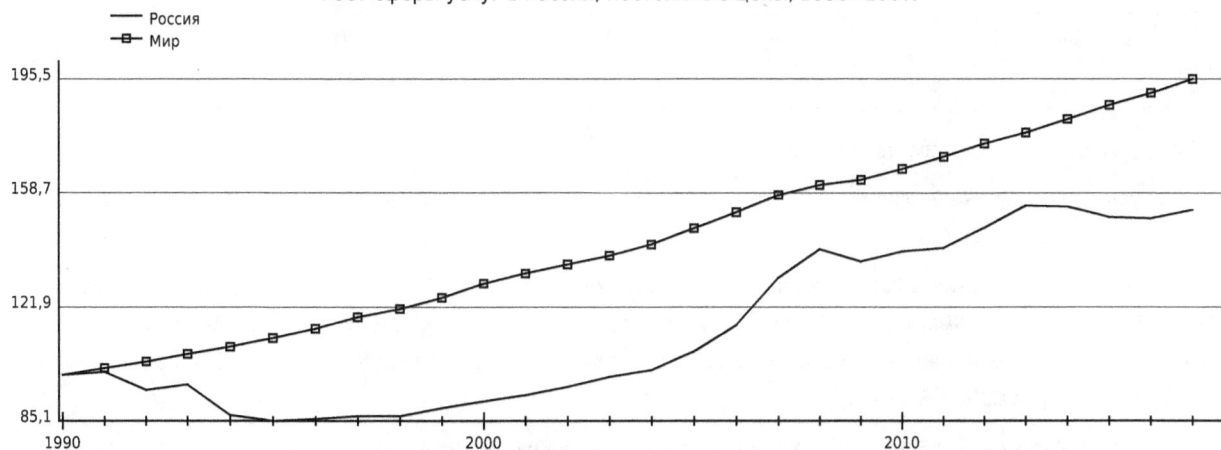

Доля сферы услуг в экономике России, %

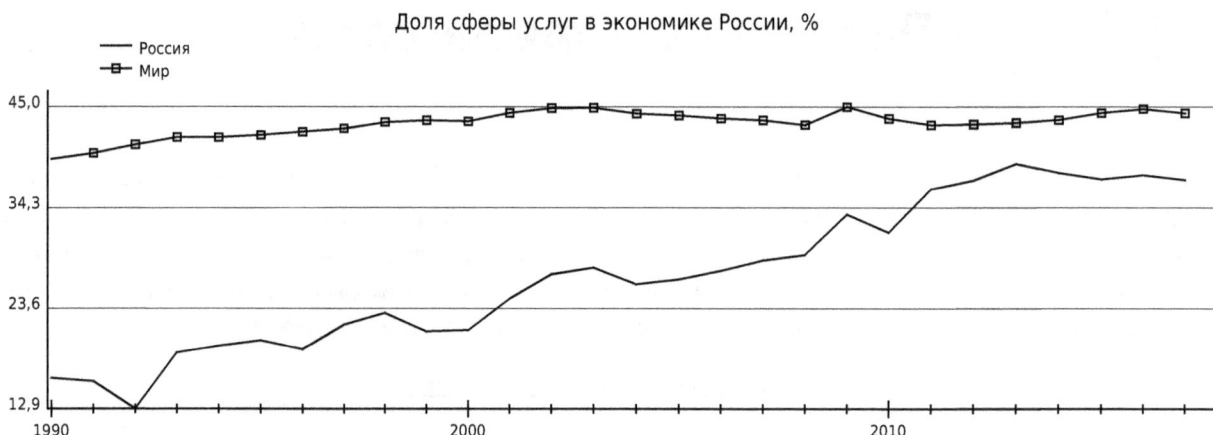

1990-е

Сфера услуг России была 71,4 миллиардов долларов в среднем в год в 1990х (21е место в мире) и была на уровне Австрии (71,7 миллиардов долларов). Доля в мире составляла 0,62%. Доля в Европе составляла 1,9%.

Доля сферы услуг в экономике России была 18,2% в 1990х (181е место в мире), и была на уровне Мозамбика (18,1%), Восточного Тимора (18,4%).

Сфера услуг на душу населения в России составляла 482,8 долларов США в 1990х (114е место в мире) и была на уровне Болгарии (483,3 долларов), Свазиленда (492,6 долларов), Косово (471,4 долларов). Сфера услуг на душу населения в России была меньше чем сфера услуг на душу населения в мире (2 009,2 долларов США) в 4,2 раза, и была меньше чем сфера услуг на душу населения в Европе (5 257,7 долларов США) в 10,9 раза.

Рост сферы услуг в России был -1.2% в 1990х (181е место в мире) и был на уровне Польши (-1,3%). Рост сферы услуг в России (-1,2%) был меньше чем рост сферы услуг в мире (2,6%), был меньше чем рост сферы услуг в Европе (2,1%).

Сравнение с соседями. Сфера услуг России была больше чем в Финляндии (44,3 миллиардов долларов), в Украине (12,3 миллиардов долларов), в Казахстане (7,4 миллиардов долларов), в Беларуси (2,9 миллиардов долларов) и в Монголии (241,6 миллионов долларов); но меньше чем в Японии (1,6 триллионов долларов) и в Китае (138,4 миллиардов долларов). Сфера услуг на душу населения в России была больше чем в Казахстане (464,9 долларов), в Беларуси (289,9 долларов), в Украине (242,2 долларов), в Китае (112,5 долларов) и в Монголии (105,6 долларов); но меньше чем в Японии (12,8 тысяч долларов) и в Финляндии (8,7 тысяч долларов). Рост сферы услуг в России был больше чем в Украине (-2,9%), в Беларуси (-3,4%) и в Казахстане (-4,7%); но меньше чем в Китае (10,1%), в Монголии (3,8%), в Японии (1,7%) и в Финляндии (1,6%).

Сравнение с лидерами. Сфера услуг России была меньше чем в США (3,8 триллионов долларов), в Японии (1,6 триллионов долларов), в Германии (904,0 миллиардов долларов), во Франции (628,2 миллиардов долларов) и в Великобритании (592,1 миллиардов долларов). Сфера услуг на душу населения в России была меньше чем в США (14,3 тысяч долларов), в Японии (12,8 тысяч долларов), в Германии (11,2 тысяч долларов), во Франции (10,5 тысяч долларов) и в Великобритании (10,2 тысяч долларов). Рост сферы услуг в России был меньше чем в Германии (3,3%), в Великобритании (3,3%), в США (2,3%), в Японии (1,7%) и во Франции (1,6%).

2000-е

Сфера услуг России была на уровне 195,9 миллиардов долларов в среднем в год в 2000х (16е место в мире). Доля в мире составляла 1,0%. Доля в Европе составляла 3,1%.

Доля сферы услуг в экономике России была 28,6% в 2000х (132е место в мире), и была на уровне Танзании (28,4%), Буркина Фасо (28,3%), Кот д'Ивуара (28,8%).

Сфера услуг на душу населения в России составляла 1 358,5 долларов США в 2000х (94е место в мире) и была на уровне Мальдив (1 343,9 долларов), Ямайки (1 373,9 долларов). Сфера услуг на душу населения в России была меньше чем сфера услуг на душу населения в мире (3 004,5 долларов США) в 2,2 раза, и была меньше чем сфера услуг на душу населения в Европе (8 763,9 долларов США) в 6,5 раза.

Рост сферы услуг в России был 4.3% в 2000х (82е место в мире) и был на уровне Алжира (4,3%), Южной Кореи (4,3%), Панамы

(4,3%). Рост сферы услуг в России (4,3%) был больше чем рост сферы услуг в мире (2,7%), был больше чем рост сферы услуг в Европе (1,9%).

Сравнение с соседями. Сфера услуг России была больше чем в Финляндии (72,1 миллиардов долларов), в Украине (24,0 миллиардов долларов), в Казахстане (17,8 миллиардов долларов), в Беларуси (6,7 миллиардов долларов) и в Монголии (684,2 миллионов долларов); но меньше чем в Японии (2,0 триллионов долларов) и в Китае (686,4 миллиардов долларов). Сфера услуг на душу населения в России была больше чем в Казахстане (1 147,7 долларов), в Беларуси (690,5 долларов), в Китае (520,9 долларов), в Украине (507,3 долларов) и в Монголии (271,5 долларов); но меньше чем в Японии (15,3 тысяч долларов) и в Финляндии (13,7 тысяч долларов). Рост сферы услуг в России был больше чем в Беларуси (4,0%), в Финляндии (1,2%) и в Японии (1,2%); но меньше чем в Китае (11,6%), в Казахстане (8,6%), в Украине (5,2%) и в Монголии (4,6%).

Сравнение с лидерами. Сфера услуг России была меньше чем в США (6,7 триллионов долларов), в Японии (2,0 триллионов долларов), в Германии (1,2 триллионов долларов), в Великобритании (1,1 триллионов долларов) и во Франции (997,0 миллиардов долларов). Сфера услуг на душу населения в России была меньше чем в США (22,9 тысяч долларов), в Великобритании (18,3 тысяч долларов), во Франции (15,8 тысяч долларов), в Японии (15,3 тысяч долларов) и в Германии (14,9 тысяч долларов). Рост сферы услуг в России был больше чем в Великобритании (2,6%), в США (2,0%), во Франции (1,5%), в Японии (1,2%) и в Германии (0,65%).

2010-е

Сфера услуг России была 583,7 миллиардов долларов в среднем в год в 2010х (11е место в мире) и была на уровне Юго-Восточной Азии (597,4 миллиардов долларов). Доля в мире была 1,9%. Доля в Европе составляла 6,5%.

Доля сферы услуг в экономике России была 37,0% в 2010х (94е место в мире), и была на уровне Чехии (36,9%), Восточной Азии (36,9%), Теркс и Кайкос (37,0%).

Сфера услуг на душу населения в России составляла 4 064,0 долларов США в 2010х (77е место в мире) и была на уровне Польши (4,0 тысяч долларов), Литвы (4,1 тысяч долларов), Гренады (4,0 тысяч долларов). Сфера услуг на душу населения в России была меньше чем сфера услуг на душу населения в мире (4 327,6 долларов США) на 6,1%, и была меньше чем сфера услуг на душу населения в Европе (12 062,3 долларов США) в 3,0 раза.

Рост сферы услуг в России был 1.4% в 2010х (153е место в мире) и был на уровне Каймановых островов (1,4%), Кубы (1,4%), Болгарии (1,4%). Рост сферы услуг в России (1,4%) был меньше чем рост сферы услуг в мире (2,3%), был больше чем рост сферы услуг в Европе (1,2%).

Сравнение с соседями. Сфера услуг России была в 5,5 раза больше чем в Финляндии (105,6 миллиардов долларов), в 11,4 раза больше чем в Казахстане (51,2 миллиардов долларов), в 15,3 раза больше чем в Украине (38,1 миллиардов долларов), в 40,1 раза больше чем в Беларуси (14,5 миллиардов долларов) и в 209,5 раза больше чем в Монголии (2,8 миллиардов долларов); но в 5,3 раза меньше чем в Китае (3,1 триллионов долларов) и в 4,0 раза меньше чем в Японии (2,3 триллионов долларов). Сфера услуг на душу населения в России была на 37,5% больше чем в Казахстане (3,0 тысяч долларов), на 83,6% больше чем в Китае (2,2 тысяч долларов), в 2,6 раза больше чем в Беларуси (1 535,0 долларов), в 4,2 раза больше чем в Монголии (962,5 долларов) и в 4,8 раза больше чем в Украине (847,0 долларов); но в 4,8 раза меньше чем в Финляндии (19,4 тысяч долларов) и в 4,4 раза меньше чем в Японии (18,0 тысяч долларов). Рост сферы услуг в России был больше чем в Японии (0,99%), в Финляндии (0,38%), в Украине (0,32%) и в Беларуси (-0,49%); но меньше чем в Китае (8,3%), в Монголии (5,7%) и в Казахстане (2,9%).

Сравнение с лидерами. Сфера услуг России была в 16,3 раза меньше чем в США (9,5 триллионов долларов), в 5,3 раза меньше чем в Китае (3,1 триллионов долларов), в 4,0 раза меньше чем в Японии (2,3 триллионов долларов), в 2,7 раза меньше чем в Германии (1,6 триллионов долларов) и в 2,3 раза меньше чем в Великобритании (1,3 триллионов долларов). Сфера услуг на душу населения в России была на 83,6% больше чем в Китае (2,2 тысяч долларов); но в 7,4 раза меньше чем в США (30,0 тысяч долларов), в 5,1 раза меньше чем в Великобритании (20,8 тысяч долларов), в 4,7 раза меньше чем в Германии (19,2 тысяч долларов) и в 4,4 раза меньше чем в Японии (18,0 тысяч долларов). Рост сферы услуг в России был больше чем в Германии (1,1%) и в Японии (0,99%); но меньше чем в Китае (8,3%), в Великобритании (1,7%) и в США (1,5%).

Часть III. Внешние отношения

Чистый экспорт к ВВП,%

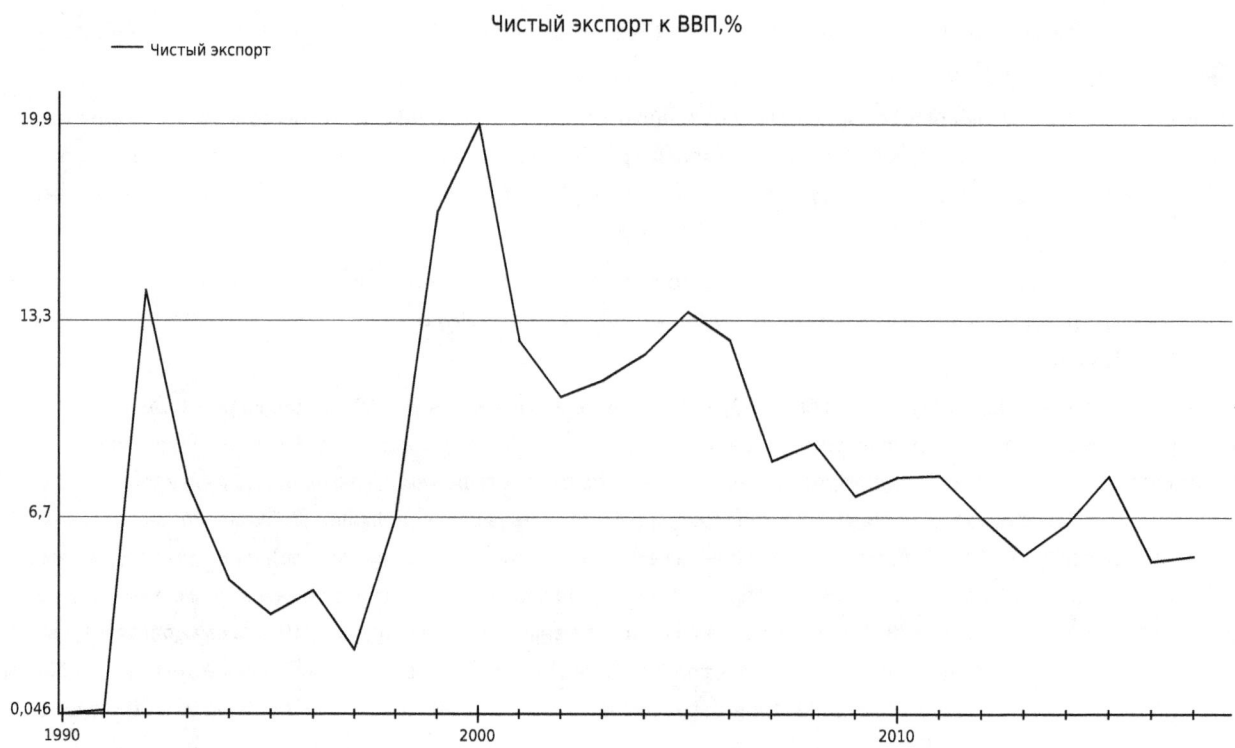

Раздел X. Экспорт

Экспорт России увеличился с 130,5 миллиардов долларов в 1990х до 487,1 миллиардов долларов в год в 2010х, на 356,6 миллиардов долларов (в 3,7 раза). Изменение состоялось на 148,5 миллиардов долларов из-за 1,4-разового роста цен, а также на 211,8 миллиардов долларов из-за 2,7-разового роста производительности, а также на -3,8 миллиардов долларов из-за уменьшения населения. Среднегодовой рост экспорта составил 7,3%. Минимальный размер экспорта был 78,7 миллиардов долларов в 1991 году. Максимальный размер экспорта был 594,2 миллиардов долларов в 2012 году.

Экспорт России, млрд. долл. США

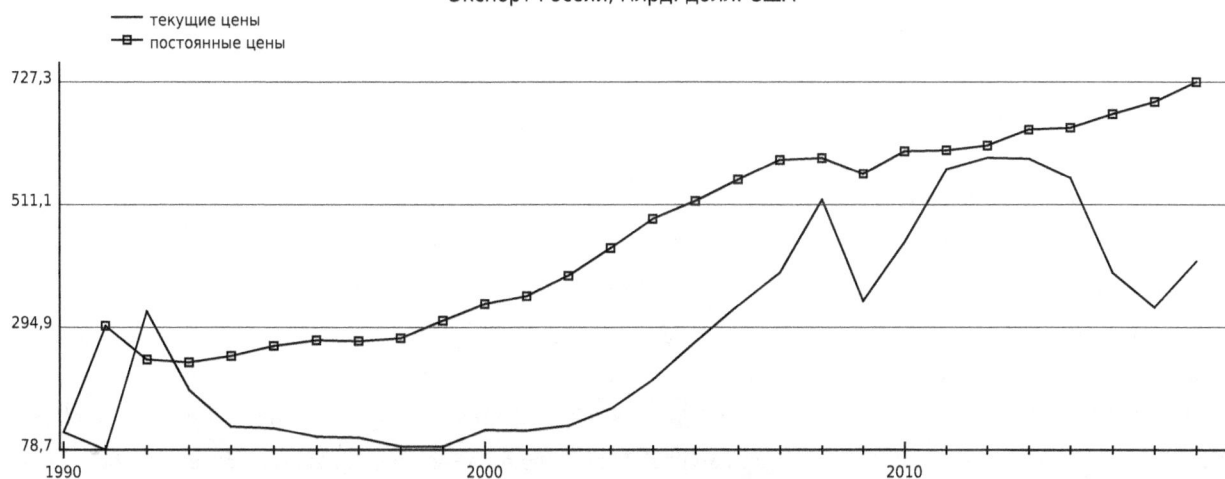

Экспорт на душу населения в России, текущие цены, долл. США

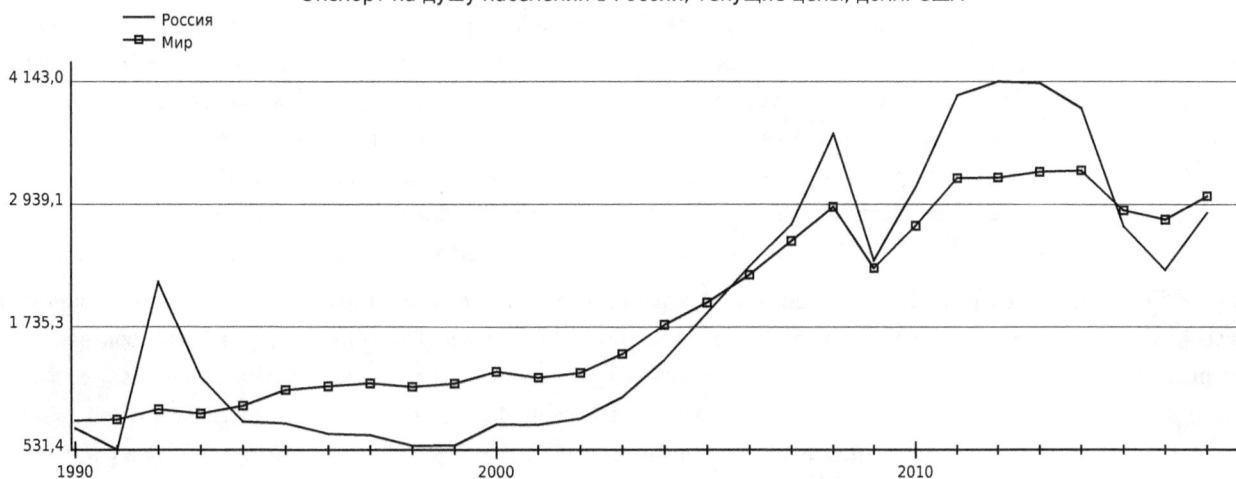

Рост экспорта в России, постоянные цены, 1990=100%

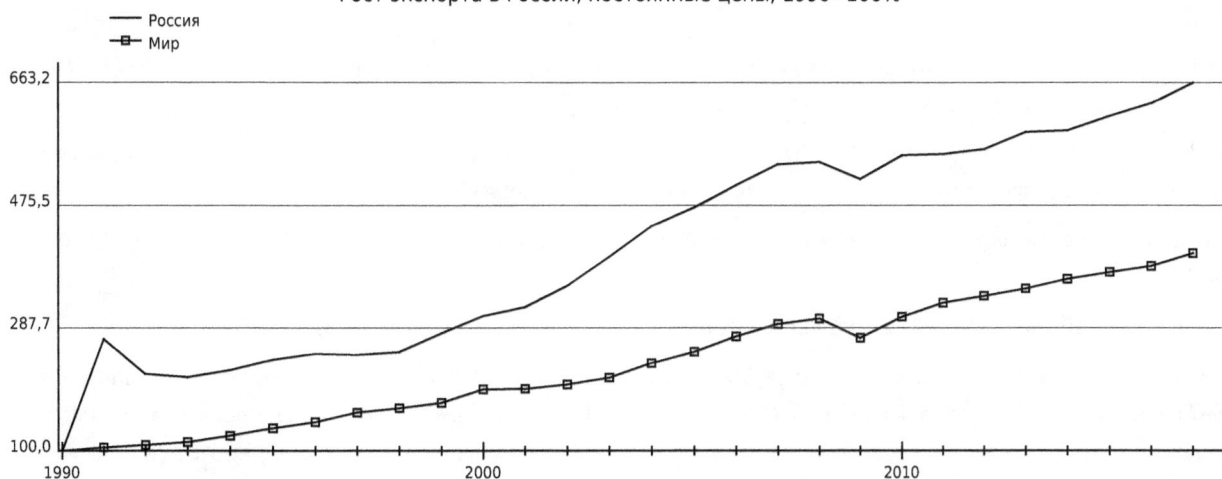

Доля экспорта в ВВП России, %

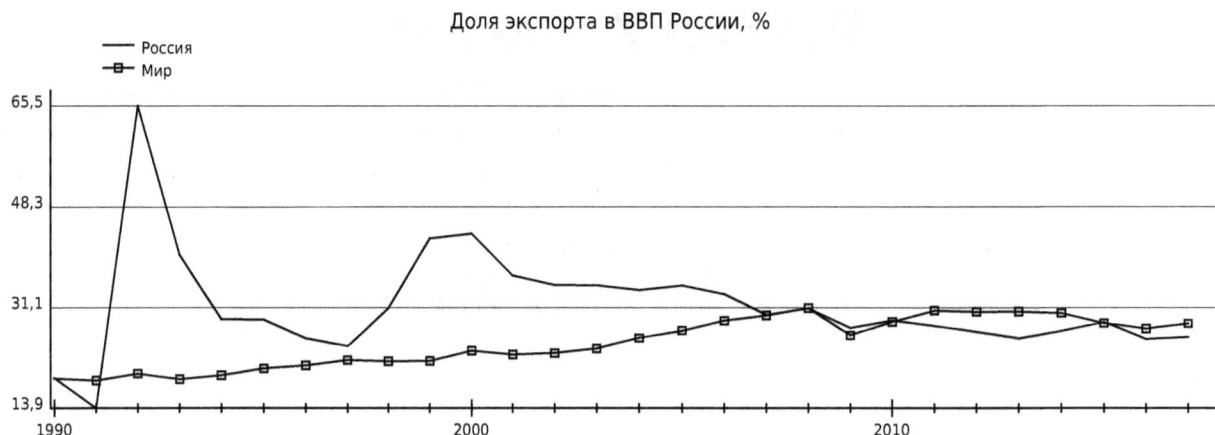

1990-е

Экспорт России составлял 130,5 миллиардов долларов в среднем в год в 1990х (12е место в мире) и был на уровне Китая (132,9 миллиардов долларов). Доля в мире была на уровне 2,2%. Доля в Европе была 4,7%.

Доля экспорта в ВВП России была 31,2% в 1990х (101е место в мире), и была на уровне Армении (30,9%).

Экспорт на душу населения в России составлял 882,3 долларов США в 1990х (91е место в мире) и был на уровне Центральной Америки (863,0 долларов). Экспорт на душу населения в России был меньше чем экспорт на душу населения в мире (1 026,8 долларов США) на 14,1%, и был меньше чем экспорт на душу населения в Европе (3 798,9 долларов США) в 4,3 раза.

Рост экспорта в России был 12.1% в 1990х (21е место в мире). Рост экспорта в России (12,1%) был больше чем рост экспорта в мире (6,9%), был больше чем рост экспорта в Европе (6,7%).

Сравнение с соседями. Экспорт России был   больше чем в Финляндии (39,5 миллиардов долларов),   в Украине (20,1 миллиардов долларов), в Беларуси (8,7 миллиардов долларов), в Казахстане (8,5 миллиардов долларов) и в Монголии (523,5 миллионов долларов); но меньше чем в Японии (418,7 миллиардов долларов) и в Китае (132,9 миллиардов долларов). Экспорт на душу населения в России был больше чем в Беларуси (855,3 долларов), в Казахстане (531,0 долларов), в Украине (396,9 долларов), в Монголии (228,9 долларов) и в Китае (108,0 долларов); но меньше чем в Финляндии (7,8 тысяч долларов) и в Японии (3,3 тысяч долларов). Рост экспорта в России был   больше чем в Монголии (8,8%), в Финляндии (8,0%), в Японии (4,2%), в Казахстане (-4,6%), в Беларуси (-7,2%) и в Украине (-7,9%); но меньше чем в Китае (17,5%).

Сравнение с лидерами. Экспорт России был меньше чем в США (773,6 миллиардов долларов), в Германии (510,1 миллиардов долларов), в Японии (418,7 миллиардов долларов), во Франции (329,8 миллиардов долларов) и в Великобритании (318,2 миллиардов долларов). Экспорт на душу населения в России был меньше чем в Германии (6,3 тысяч долларов), во Франции (5,5 тысяч долларов), в Великобритании (5,5 тысяч долларов), в Японии (3,3 тысяч долларов) и в США (2,9 тысяч долларов). Рост экспорта в России был больше чем в США (7,2%), во Франции (6,5%), в Великобритании (6,0%), в Германии (6,0%) и в Японии (4,2%).

2000-е

Экспорт России был 256,1 миллиардов долларов в среднем в год в 2000х (15е место в мире) и был на уровне Южной Азии (259,5 миллиардов долларов). Доля в мире составляла 2,0%. Доля в Европе составляла 4,6%.

Структура экспорта России: сырьё (53,1%), первичная обработка (21,9%), низко-технологичная продукция (4,0%), средне-технологичная продукция (9,4%) и высоко-технологичная продукция (2,0%).

Партнёры России по экспорту: Нидерланды (10,6%), Италия (7,9%), Германия (7,4%), Китай (5,3%), Беларусь (5,2%) и другие страны (63,7%).

Доля экспорта в ВВП России была 32,2% в 2000х (120е место в мире), и была на уровне Африки (32,5%).

Экспорт на душу населения в России составлял 1 775,5 долларов США в 2000х (93е место в мире) и был на уровне Сант Винсент и Гренадин (1 773,7 долларов), Ливана (1 769,7 долларов), Центральной Америки (1 787,3 долларов). Экспорт на душу населения в России был меньше чем экспорт на душу населения в мире (1 926,3 долларов США) на 7,8%, и был меньше чем экспорт на душу населения в Европе (7 604,4 долларов США) в 4,3 раза.

Рост экспорта в России был 6.3% в 2000х (75е место в мире). Рост экспорта в России (6,3%) был больше чем рост экспорта в мире (4,7%), был больше чем рост экспорта в Европе (3,9%).

Сравнение с соседями. Экспорт России был больше чем в Финляндии (80,6 миллиардов долларов), в Украине (41,4 миллиардов долларов), в Казахстане (31,8 миллиардов долларов), в Беларуси (18,2 миллиардов долларов) и в Монголии (1,5 миллиардов долларов); но меньше чем в Китае (780,2 миллиардов долларов) и в Японии (626,3 миллиардов долларов). Экспорт на душу населения в России был больше чем в Украине (877,2 долларов), в Монголии (604,0 долларов) и в Китае (592,1 долларов); но меньше чем в Финляндии (15,3 тысяч долларов), в Японии (4,9 тысяч долларов), в Казахстане (2,0 тысяч долларов) и в Беларуси (1 876,7 долларов). Рост экспорта в России был больше чем в Казахстане (6,2%), в Беларуси (6,2%), в Финляндии (3,7%), в Японии (3,5%) и в Украине (2,0%); но меньше чем в Китае (12,7%) и в Монголии (10,5%).

Сравнение с лидерами. Экспорт России был меньше чем в США (1,3 триллионов долларов), в Германии (1,0 триллионов долларов), в Китае (780,2 миллиардов долларов), в Японии (626,3 миллиардов долларов) и в Великобритании (578,9 миллиардов долларов). Экспорт на душу населения в России был больше чем в Китае (592,1 долларов); но меньше чем в Германии (12,8 тысяч долларов), в Великобритании (9,6 тысяч долларов), в Японии (4,9 тысяч долларов) и в США (4,5 тысяч долларов). Рост экспорта в России был больше чем в Германии (5,0%), в Японии (3,5%), в США (3,3%) и в Великобритании (3,1%); но меньше чем в Китае (12,7%).

2010-е

Экспорт России был на уровне 487,1 миллиардов долларов в среднем в год в 2010х (13е место в мире). Доля в мире была 2,2%. Доля в Европе была на уровне 5,6%.

Структура экспорта России: сырьё (52,4%), первичная обработка (27,5%), низко-технологичная продукция (2,9%), средне-технологичная продукция (8,6%) и высоко-технологичная продукция (1,8%).

Партнёры России по экспорту: Нидерланды (14,2%), Китай (8,5%), Италия (5,8%), Германия (5,4%), Беларусь (4,6%) и другие страны (61,4%).

Доля экспорта в ВВП России была 27,1% в 2010х (146е место в мире), и была на уровне Северной Африки (27,1%), Бенина (27,2%).

Экспорт на душу населения в России составлял 3 391,4 долларов США в 2010х (90е место в мире) и был на уровне Коста Рики (3,4 тысяч долларов), Вест-Индии (3,5 тысяч долларов). Экспорт на душу населения в России был больше чем экспорт на душу населения в мире (3 042,6 долларов США) на 11,5%, и был меньше чем экспорт на душу населения в Европе (11 747,4 долларов США) в 3,5 раза.

Рост экспорта в России был 3.2% в 2010х (131е место в мире). Рост экспорта в России (3,2%) был меньше чем рост экспорта в мире (5,0%), был меньше чем рост экспорта в Европе (4,8%).

Сравнение с соседями. Экспорт России был в 5,0 раза больше чем в Финляндии (97,3 миллиардов долларов), в 6,7 раза больше чем в Казахстане (72,2 миллиардов долларов), в 7,5 раза больше чем в Украине (65,1 миллиардов долларов), в 12,3 раза больше чем в Беларуси (39,5 миллиардов долларов) и в 90,0 раза больше чем в Монголии (5,4 миллиардов долларов); но в 4,5 раза меньше чем в Китае (2,2 триллионов долларов) и на 42,5% меньше чем в Японии (847,6 миллиардов долларов). Экспорт на душу населения в России был на 81,5% больше чем в Монголии (1 868,5 долларов), в 2,1 раза больше чем в Китае (1 597,7 долларов) и в 2,3 раза больше чем в Украине (1 445,5 долларов); но в 5,3 раза меньше чем в Финляндии (17,9 тысяч долларов), на 48,7% меньше чем в Японии (6,6 тысяч долларов), на 18,7% меньше чем в Беларуси (4,2 тысяч долларов) и на 18,6% меньше чем в Казахстане (4,2 тысяч долларов). Рост экспорта в России был больше чем в Финляндии (2,5%), в Казахстане (0,21%) и в Украине (-4,8%); но меньше чем в Монголии (15,0%), в Китае (7,9%), в Беларуси (5,8%) и в Японии (5,4%).

Сравнение с лидерами. Экспорт России был в 4,5 раза меньше чем в Китае (2,2 триллионов долларов), в 4,5 раза меньше чем в США (2,2 триллионов долларов), в 3,4 раза меньше чем в Германии (1,6 триллионов долларов), на 42,5% меньше чем в Японии (847,6 миллиардов долларов) и на 38,2% меньше чем в Великобритании (788,2 миллиардов долларов). Экспорт на душу населения в России был в 2,1 раза больше чем в Китае (1 597,7 долларов); но в 6,0 раза меньше чем в Германии (20,2 тысяч долларов), в 3,6 раза меньше чем в Великобритании (12,2 тысяч долларов), в 2,1 раза меньше чем в США (7,0 тысяч долларов) и на 48,7% меньше чем в Японии (6,6 тысяч долларов). Рост экспорта в России был меньше чем в Китае (7,9%), в Германии (5,5%), в Японии (5,4%), в США (4,2%) и в Великобритании (3,5%).

Раздел XI. Импорт

Импорт России вырос с 108,8 миллиардов долларов в 1990х до 368,1 миллиардов долларов в год в 2010х, на 259,2 миллиардов долларов (в 3,4 раза). Изменение состоялось на -66,2 миллиардов долларов из-за 1,2-разового сокращения цен, а также на 328,5 миллиардов долларов из-за 4,1-разового увеличения производительности, а также на -3,2 миллиардов долларов из-за уменьшения населения. Среднегодовой рост импорта составил 7,2%. Минимальный размер импорта был 51,3 миллиардов долларов в 1999 году. Максимальный размер импорта был 468,6 миллиардов долларов в 2013 году.

Импорт России, млрд. долл. США

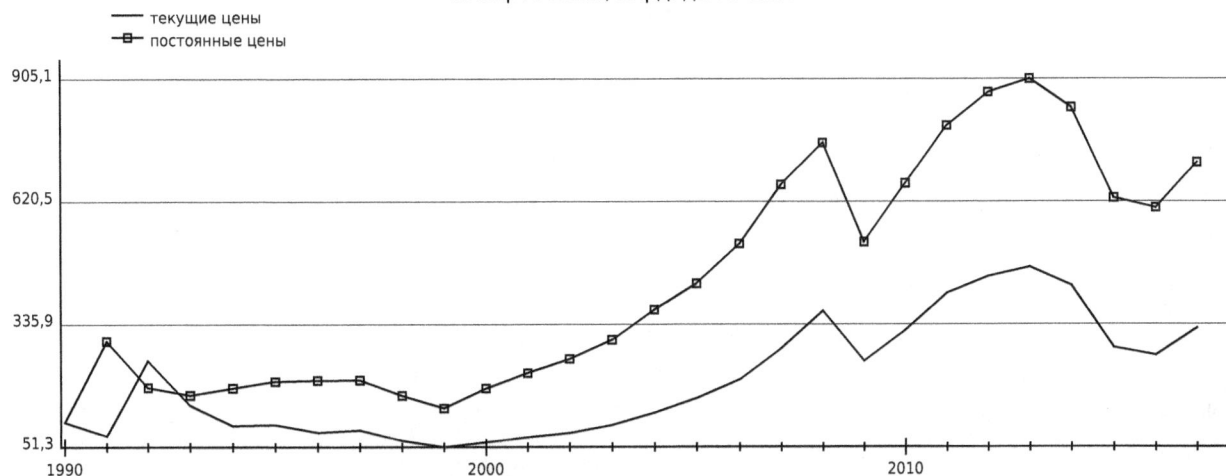

Импорт на душу населения в России, текущие цены, долл. США

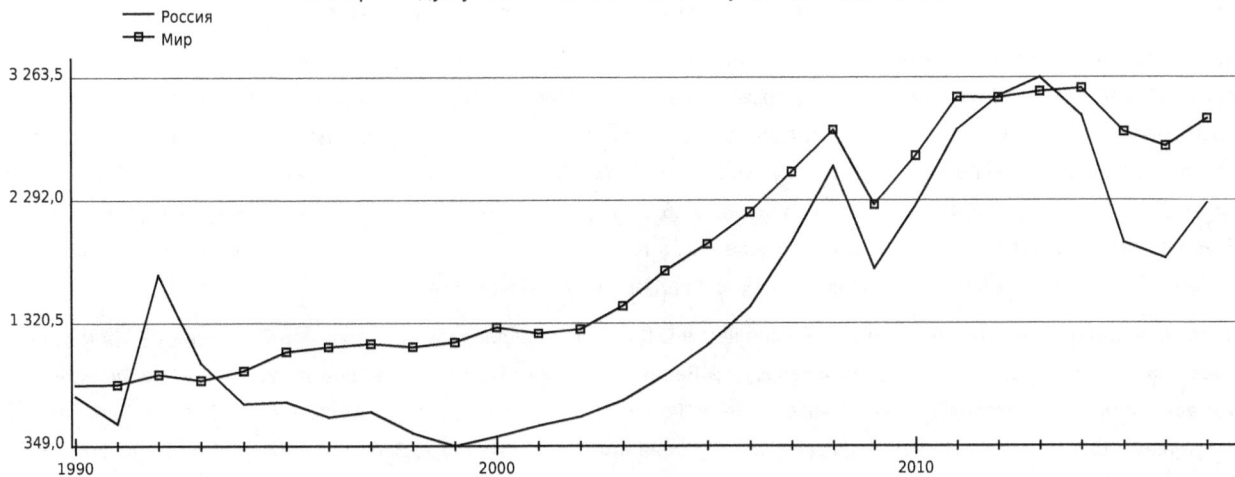

Рост импорта в России, постоянные цены, 1990=100%

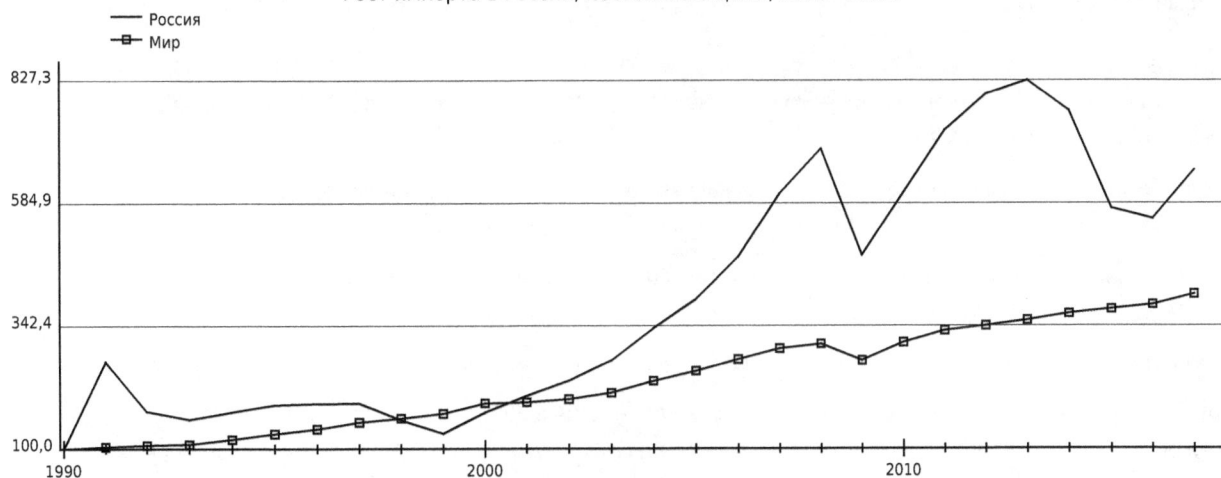

Доля импорта в ВВП России, %

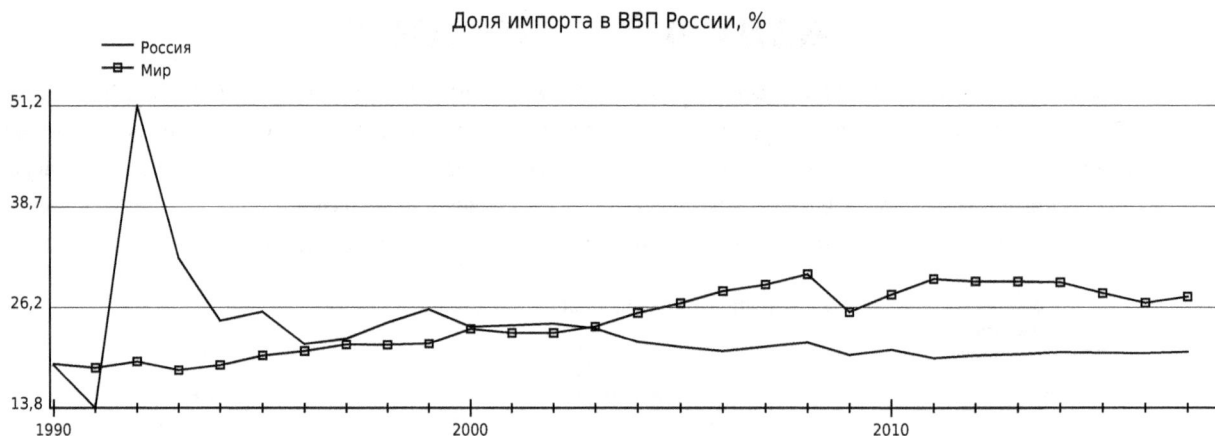

1990-е

Импорт России был на уровне 108,8 миллиардов долларов в среднем в год в 1990х (16е место в мире). Доля в мире была 1,9%. Доля в Европе была 4,1%.

Доля импорта в ВВП России была 26,0% в 1990х (155е место в мире).

Импорт на душу населения в России составлял 735,7 долларов США в 1990х (109е место в мире) и был на уровне Венесуэлы (723,7 долларов), Южной Африки (720,8 долларов), Восточной Европы (752,6 долларов). Импорт на душу населения в России был меньше чем импорт на душу населения в мире (1 012,1 долларов США) на 27,3%, и был меньше чем импорт на душу населения в Европе (3 639,6 долларов США) в 4,9 раза.

Рост импорта в России был 2.9% в 1990х (132е место в мире) и был на уровне Вест-Индии (2,9%), Гвинеи (2,9%). Рост импорта в России (2,9%) был меньше чем рост импорта в мире (6,7%), был меньше чем рост импорта в Европе (6,0%).

Сравнение с соседями. Импорт России был больше чем в Финляндии (33,7 миллиардов долларов), в Украине (20,4 миллиардов долларов), в Казахстане (10,6 миллиардов долларов), в Беларуси (9,3 миллиардов долларов) и в Монголии (676,4 миллионов долларов); но меньше чем в Японии (355,9 миллиардов долларов) и в Китае (115,9 миллиардов долларов). Импорт на душу населения в России был больше чем в Казахстане (663,0 долларов), в Украине (402,6 долларов), в Монголии (295,7 долларов) и в Китае (94,2 долларов); но меньше чем в Финляндии (6,6 тысяч долларов), в Японии (2,8 тысяч долларов) и в Беларуси (917,3 долларов). Рост импорта в России был больше чем в Монголии (0,82%), в Беларуси (-10,2%), в Украине (-12,1%) и в Казахстане (-14,0%); но меньше чем в Китае (16,0%), в Финляндии (3,9%) и в Японии (3,3%).

Сравнение с лидерами. Импорт России был меньше чем в США (874,1 миллиардов долларов), в Германии (501,6 миллиардов долларов), в Японии (355,9 миллиардов долларов), в Великобритании (324,0 миллиардов долларов) и во Франции (308,5 миллиардов долларов). Импорт на душу населения в России был меньше чем в Германии (6,2 тысяч долларов), в Великобритании (5,6 тысяч долларов), во Франции (5,2 тысяч долларов), в США (3,3 тысяч долларов) и в Японии (2,8 тысяч долларов). Рост импорта в России был меньше чем в США (8,3%), в Германии (6,4%), в Великобритании (5,5%), во Франции (5,1%) и в Японии (3,3%).

2000-е

Импорт России был 172,4 миллиардов долларов в среднем в год в 2000х (18е место в мире). Доля в мире была на уровне 1,4%. Доля в Европе была на уровне 3,2%.

Структура импорта России: сырьё (11,3%), первичная обработка (13,3%), низко-технологичная продукция (17,1%), средне-технологичная продукция (40,1%) и высоко-технологичная продукция (15,4%).

Партнёры России по импорту: Германия (17,2%), Китай (10,1%), Италия (5,7%), Украина (5,6%), Беларусь (4,7%) и другие страны (56,6%).

Доля импорта в ВВП России была 21,7% в 2000х (196е место в мире), и была на уровне Австралии (21,7%), Перу (21,8%).

Импорт на душу населения в России составлял 1 195,5 долларов США в 2000х (120е место в мире). Импорт на душу населения в России был меньше чем импорт на душу населения в мире (1 893,5 долларов США) на 36,9%, и был меньше чем импорт на душу населения в Европе (7 256,6 долларов США) в 6,1 раза.

Рост импорта в России был 14% в 2000х (10е место в мире) и был на уровне Экваториальной Гвинеи (14,1%). Рост импорта в России (14,0%) был больше чем рост импорта в мире (5,0%), был больше чем рост импорта в Европе (4,0%).

Сравнение с соседями. Импорт России был больше чем в Финляндии (70,2 миллиардов долларов), в Украине (43,1 миллиардов долларов), в Казахстане (25,5 миллиардов долларов), в Беларуси (20,0 миллиардов долларов) и в Монголии (1,8 миллиардов долларов); но меньше чем в Китае (641,1 миллиардов долларов) и в Японии (566,4 миллиардов долларов). Импорт на душу населения в России был больше чем в Украине (912,4 долларов), в Монголии (725,5 долларов) и в Китае (486,5 долларов); но меньше чем в Финляндии (13,4 тысяч долларов), в Японии (4,4 тысяч долларов), в Беларуси (2,1 тысяч долларов) и в Казахстане (1 644,7 долларов). Рост импорта в России был больше чем в Монголии (9,6%), в Беларуси (9,5%), в Украине (5,7%), в Казахстане (5,1%), в Финляндии (4,6%) и в Японии (1,8%); но меньше чем в Китае (15,1%).

Сравнение с лидерами. Импорт России был меньше чем в США (1,9 триллионов долларов), в Германии (914,5 миллиардов долларов), в Китае (641,1 миллиардов долларов), в Великобритании (633,3 миллиардов долларов) и в Японии (566,4 миллиардов долларов). Импорт на душу населения в России был больше чем в Китае (486,5 долларов); но меньше чем в Германии (11,2 тысяч долларов), в Великобритании (10,5 тысяч долларов), в США (6,4 тысяч долларов) и в Японии (4,4 тысяч долларов). Рост импорта в России был больше чем в Германии (3,7%), в Великобритании (3,3%), в США (2,8%) и в Японии (1,8%); но меньше чем в Китае (15,1%).

2010-е

Импорт России составлял 368,1 миллиардов долларов в среднем в год в 2010х (18е место в мире) и был на уровне Швейцарии (368,6 миллиардов долларов), Океании (375,4 миллиардов долларов). Доля в мире была 1,7%. Доля в Европе была 4,6%.

Структура импорта России: сырьё (10,2%), первичная обработка (12,4%), низко-технологичная продукция (17,5%), средне-технологичная продукция (40,5%) и высоко-технологичная продукция (17,2%).

Партнёры России по импорту: Китай (16,2%), Германия (14,7%), Беларусь (5,2%), Украина (4,3%), Италия (4,3%) и другие страны (55,3%).

Доля импорта в ВВП России была 20,5% в 2010х (199е место в мире), и была на уровне Китая (20,5%), Колумбии (20,5%).

Импорт на душу населения в России составлял 2 562,5 долларов США в 2010х (108е место в мире) и был на уровне Габона (2,5 тысяч долларов), Иордании (2,6 тысяч долларов). Импорт на душу населения в России был меньше чем импорт на душу населения в мире (2 959,0 долларов США) на 13,4%, и был меньше чем импорт на душу населения в Европе (10 859,6 долларов США) в 4,2 раза.

Рост импорта в России был 3.8% в 2010х (118е место в мире) и был на уровне Островов Кука (3,8%), Великобритании (3,8%). Рост импорта в России (3,8%) был меньше чем рост импорта в мире (5,0%), был меньше чем рост импорта в Европе (4,3%).

Сравнение с соседями. Импорт России был в 3,7 раза больше чем в Финляндии (98,6 миллиардов долларов), в 5,0 раза больше чем в Украине (73,9 миллиардов долларов), в 7,3 раза больше чем в Казахстане (50,6 миллиардов долларов), в 9,1 раза больше чем в Беларуси (40,5 миллиардов долларов) и в 57,1 раза больше чем в Монголии (6,4 миллиардов долларов); но в 5,3 раза меньше чем в Китае (2,0 триллионов долларов) и в 2,4 раза меньше чем в Японии (874,0 миллиардов долларов). Импорт на душу населения в России был на 15,2% больше чем в Монголии (2,2 тысяч долларов), на 56,1% больше чем в Украине (1 641,4 долларов) и на 80,5% больше чем в Китае (1 419,3 долларов); но в 7,1 раза меньше чем в Финляндии (18,1 тысяч долларов), в 2,7 раза меньше чем в Японии (6,8 тысяч долларов), на 40,1% меньше чем в Беларуси (4,3 тысяч долларов) и на 12,2% меньше чем в Казахстане (2,9 тысяч долларов). Рост импорта в России был больше чем в Финляндии (3,2%), в Казахстане (3,1%) и в Украине (0,20%); но меньше чем в Монголии (15,0%), в Китае (9,5%), в Беларуси (4,5%) и в Японии (4,5%).

Сравнение с лидерами. Импорт России был в 7,4 раза меньше чем в США (2,7 триллионов долларов), в 5,3 раза меньше чем в Китае (2,0 триллионов долларов), в 3,8 раза меньше чем в Германии (1,4 триллионов долларов), в 2,4 раза меньше чем в Японии (874,0 миллиардов долларов) и в 2,3 раза меньше чем в Великобритании (829,6 миллиардов долларов). Импорт на душу населения в России был на 80,5% больше чем в Китае (1 419,3 долларов); но в 6,8 раза меньше чем в Германии (17,3 тысяч долларов), в 5,0 раза меньше чем в Великобритании (12,8 тысяч долларов), в 3,4 раза меньше чем в США (8,6 тысяч долларов) и в 2,7 раза меньше чем в Японии (6,8 тысяч долларов). Рост импорта в России был больше чем в Великобритании

(3,8%); но меньше чем в Китае (9,5%), в Германии (5,1%), в США (4,9%) и в Японии (4,5%).

Часть IV. Потребление

Раздел XII. Государственные расходы

Государственные расходы России выросли с 74,6 миллиардов долларов в 1990х до 323,3 миллиардов долларов в год в 2010х, на 248,6 миллиардов долларов (в 4,3 раза). Изменение состоялось на 236,7 миллиардов долларов из-за 3,7-разового увеличения цен, а также на 14,1 миллиардов долларов из-за 1,2-разового увеличения производительности, а также на -2,2 миллиардов долларов из-за сокращения населения. Среднегодовой рост государственных расходов составил -0,31%. Минимальный размер государственных расходов был 28,1 миллиардов долларов в 1999 году. Максимальный размер государственных расходов был 425,7 миллиардов долларов в 2013 году.

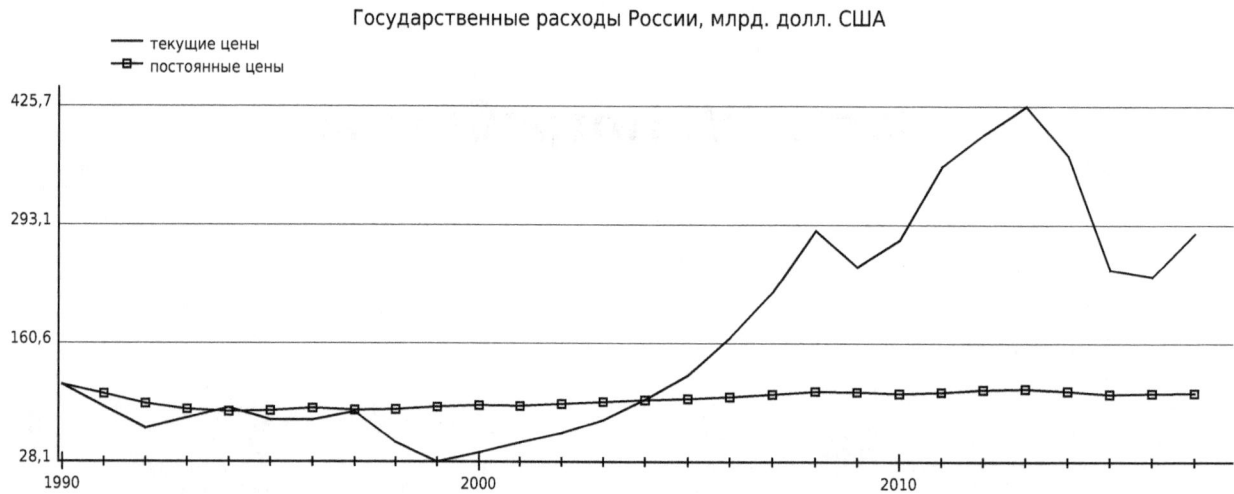

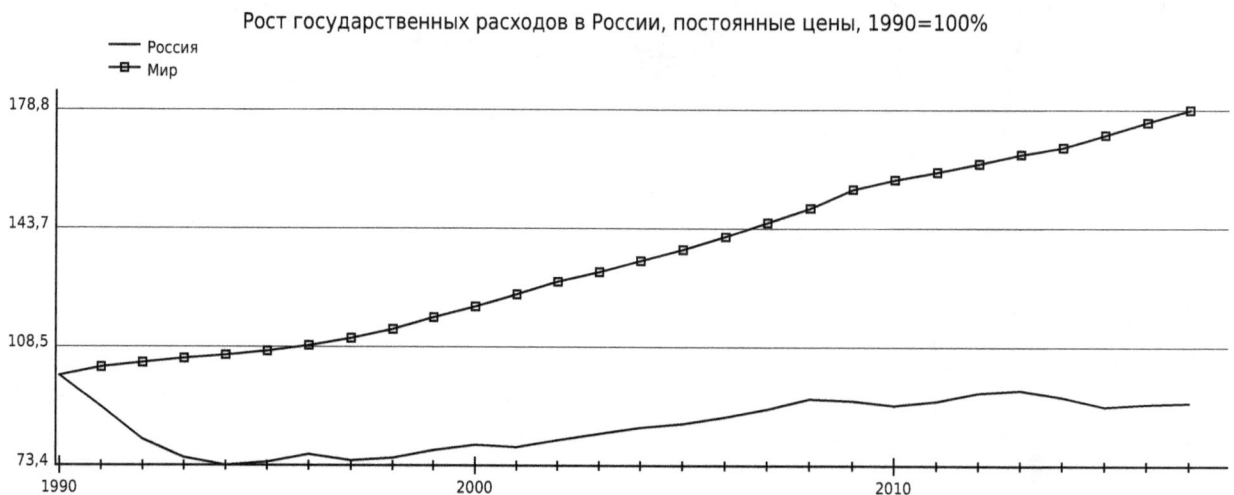

Государственные расходы России, млрд. долл. США

Государственные расходы на душу населения в России, текущие цены, долл. США

Рост государственных расходов в России, постоянные цены, 1990=100%

Доля государственных расходов в ВВП России, %

1990-е

Государственные расходы России были на уровне 74,6 миллиардов долларов в среднем в год в 1990х (12е место в мире). Доля в мире составляла 1,6%. Доля в Европе была на уровне 3,9%.

Доля государственных расходов в ВВП России была 17,8% в 1990х (84е место в мире), и была на уровне Танзании (17,8%), Македонии (17,9%), Азербайджана (17,9%).

Государственные расходы на душу населения в России составляли 504,5 долларов США в 1990х (85е место в мире) и были на уровне Восточного Тимора (506,3 долларов), Санта Люсии (499,2 долларов), Косово (497,0 долларов). Государственные расходы на душу населения в России были меньше чем государственные расходы на душу населения в мире (822,6 долларов США) на 38,7%, и были меньше чем государственные расходы на душу населения в Европе (2 599,4 долларов США) в 5,2 раза.

Рост государственных расходов в России был -2.7% в 1990х (183е место в мире) и был на уровне Замбии (-2,8%). Рост государственных расходов в России (-2,7%) был меньше чем рост государственных расходов в мире (1,9%), был меньше чем рост государственных расходов в Европе (1,2%).

Сравнение с соседями. Государственные расходы России были больше чем в Финляндии (27,3 миллиардов долларов), в Украине (11,2 миллиардов долларов), в Беларуси (3,1 миллиардов долларов), в Казахстане (2,9 миллиардов долларов) и в Монголии (243,8 миллионов долларов); но меньше чем в Японии (651,8 миллиардов долларов) и в Китае (102,2 миллиардов долларов). Государственные расходы на душу населения в России были больше чем в Беларуси (310,5 долларов), в Украине (220,5 долларов), в Казахстане (181,4 долларов), в Монголии (106,6 долларов) и в Китае (83,1 долларов); но меньше чем в Финляндии (5,3 тысяч долларов) и в Японии (5,2 тысяч долларов). Рост государственных расходов в России был больше чем в Беларуси (-3,0%), в Украине (-3,8%) и в Казахстане (-6,6%); но меньше чем в Китае (12,0%), в Японии (3,0%), в Финляндии (1,1%) и в Монголии (-1,9%).

Сравнение с лидерами. Государственные расходы России были меньше чем в США (1,1 триллионов долларов), в Японии (651,8 миллиардов долларов), в Германии (414,2 миллиардов долларов), во Франции (325,4 миллиардов долларов) и в Великобритании (228,7 миллиардов долларов). Государственные расходы на душу населения в России были меньше чем во Франции (5,4 тысяч долларов), в Японии (5,2 тысяч долларов), в Германии (5,1 тысяч долларов), в США (4,3 тысяч долларов) и в Великобритании (3,9 тысяч долларов). Рост государственных расходов в России был меньше чем в Японии (3,0%), в Германии (2,3%), во Франции (1,8%), в Великобритании (1,5%) и в США (1,3%).

2000-е

Государственные расходы России были на уровне 136,2 миллиардов долларов в среднем в год в 2000х (12е место в мире) и были на уровне Южной Азии (133,5 миллиардов долларов). Доля в мире была 1,7%. Доля в Европе была 4,5%.

Доля государственных расходов в ВВП России была 17,1% в 2000х (85е место в мире), и была на уровне Кувейта (17,0%), Иордании (17,0%), Сант Винсент и Гренадин (17,0%).

Государственные расходы на душу населения в России составляли 944,1 долларов США в 2000х (79е место в мире) и были на уровне Ботсваны (942,2 долларов), Мальдив (927,4 долларов), Габона (921,7 долларов). Государственные расходы на душу населения в России были меньше чем государственные расходы на душу населения в мире (1 197,4 долларов США) на 21,2%, и были меньше чем государственные расходы на душу населения в Европе (4 134,9 долларов США) в 4,4 раза.

Рост государственных расходов в России был 1.7% в 2000х (157е место в мире) и был на уровне Литвы (1,8%). Рост государственных расходов в России (1,7%) был меньше чем рост государственных расходов в мире (2,9%), был меньше чем рост государственных расходов в Европе (2,1%).

Сравнение с соседями. Государственные расходы России были больше чем в Финляндии (42,4 миллиардов долларов), в Украине (15,8 миллиардов долларов), в Казахстане (7,0 миллиардов долларов), в Беларуси (5,6 миллиардов долларов) и в Монголии (413,9 миллионов долларов); но меньше чем в Японии (844,2 миллиардов долларов) и в Китае (362,5 миллиардов долларов). Государственные расходы на душу населения в России были больше чем в Беларуси (579,5 долларов), в Казахстане (450,3 долларов), в Украине (334,9 долларов), в Китае (275,1 долларов) и в Монголии (164,2 долларов); но меньше чем в Финляндии (8,1 тысяч долларов) и в Японии (6,6 тысяч долларов). Рост государственных расходов в России был больше чем в Японии (1,7%), в Финляндии (1,6%) и в Беларуси (0,96%); но меньше чем в Китае (9,3%), в Казахстане (7,9%), в Монголии (3,5%) и в Украине (2,0%).

Сравнение с лидерами. Государственные расходы России были меньше чем в США (1,9 триллионов долларов), в Японии (844,2 миллиардов долларов), в Германии (511,9 миллиардов долларов), во Франции (479,9 миллиардов долларов) и в Великобритании (441,2 миллиардов долларов). Государственные расходы на душу населения в России были меньше чем во Франции (7,6 тысяч долларов), в Великобритании (7,3 тысяч долларов), в Японии (6,6 тысяч долларов), в США (6,5 тысяч долларов) и в Германии (6,3 тысяч долларов). Рост государственных расходов в России был больше чем в Японии (1,7%), во Франции (1,7%) и в Германии (1,2%); но меньше чем в Великобритании (2,9%) и в США (2,2%).

2010-е

Государственные расходы России были на уровне 323,3 миллиардов долларов в среднем в год в 2010х (10е место в мире) и были на уровне Южной Азии (321,6 миллиардов долларов). Доля в мире составляла 2,6%. Доля в Европе составляла 7,7%.

Доля государственных расходов в ВВП России была 18,0% в 2010х (88е место в мире), и была на уровне Восточной Европы (18,0%), Бутана (18,0%), Латвии (17,9%).

Государственные расходы на душу населения в России составляли 2 250,7 долларов США в 2010х (76е место в мире) и были на уровне Аргентины (2,3 тысяч долларов), Кубы (2,3 тысяч долларов). Государственные расходы на душу населения в России были больше чем государственные расходы на душу населения в мире (1 727,6 долларов США) на 30,3%, и были меньше чем государственные расходы на душу населения в Европе (5 639,4 долларов США) в 2,5 раза.

Рост государственных расходов в России был -0.1% в 2010х (173е место в мире). Рост государственных расходов в России (-0,085%) был меньше чем рост государственных расходов в мире (1,8%), был меньше чем рост государственных расходов в Европе (0,73%).

Сравнение с соседями. Государственные расходы России были в 5,3 раза больше чем в Финляндии (61,5 миллиардов долларов), в 12,7 раза больше чем в Украине (25,5 миллиардов долларов), в 15,9 раза больше чем в Казахстане (20,4 миллиардов долларов), в 36,3 раза больше чем в Беларуси (8,9 миллиардов долларов) и в 219,6 раза больше чем в Монголии (1,5 миллиардов долларов); но в 4,1 раза меньше чем в Китае (1,3 триллионов долларов) и в 3,3 раза меньше чем в Японии (1,1 триллионов долларов). Государственные расходы на душу населения в России были на 91,5% больше чем в Казахстане (1 175,5 долларов), в 2,4 раза больше чем в Китае (949,0 долларов), в 2,4 раза больше чем в Беларуси (939,3 долларов), в 4,0 раза больше чем в Украине (566,4 долларов) и в 4,4 раза больше чем в Монголии (508,4 долларов); но в 5,0 раза меньше чем в Финляндии (11,3 тысяч долларов) и в 3,7 раза меньше чем в Японии (8,2 тысяч долларов). Рост государственных расходов в России был больше чем в Беларуси (-0,74%); но меньше чем в Монголии (9,7%), в Китае (8,8%), в Казахстане (5,7%), в Японии (1,4%), в Украине (0,62%) и в Финляндии (0,29%).

Сравнение с лидерами. Государственные расходы России были в 8,0 раза меньше чем в США (2,6 триллионов долларов), в 4,1 раза меньше чем в Китае (1,3 триллионов долларов), в 3,3 раза меньше чем в Японии (1,1 триллионов долларов), в 2,1 раза меньше чем в Германии (693,2 миллиардов долларов) и на 49,3% меньше чем во Франции (637,1 миллиардов долларов). Государственные расходы на душу населения в России были в 2,4 раза больше чем в Китае (949,0 долларов); но в 4,3 раза меньше чем во Франции (9,6 тысяч долларов), в 3,8 раза меньше чем в Германии (8,5 тысяч долларов), в 3,7 раза меньше чем в Японии (8,2 тысяч долларов) и в 3,6 раза меньше чем в США (8,1 тысяч долларов). Рост государственных расходов в России был больше чем в США (-0,52%); но меньше чем в Китае (8,8%), в Германии (1,8%), в Японии (1,4%) и во Франции (1,3%).

Раздел XIII. Расходы домохозяйств

Расходы домохозяйств России увеличились с 198,6 миллиардов долларов в 1990х до 927,9 миллиардов долларов в год в 2010х, на 729,3 миллиардов долларов (в 4,7 раза). Изменение состоялось на 431,6 миллиардов долларов из-за 1,9-разового увеличения цен, а также на 303,4 миллиардов долларов из-за 2,6-разового увеличения производительности, а также на -5,8 миллиардов долларов из-за уменьшения населения. Среднегодовой рост расходов домохозяйств составил 3,1%. Минимальный размер расходов домохозяйств был 104,9 миллиардов долларов в 1999 году. Максимальный размер расходов домохозяйств был 1,2 триллионов долларов в 2013 году.

Расходы домохозяйств России, млрд. долл. США

Расходы домохозяйств на душу населения в России, текущие цены, долл. США

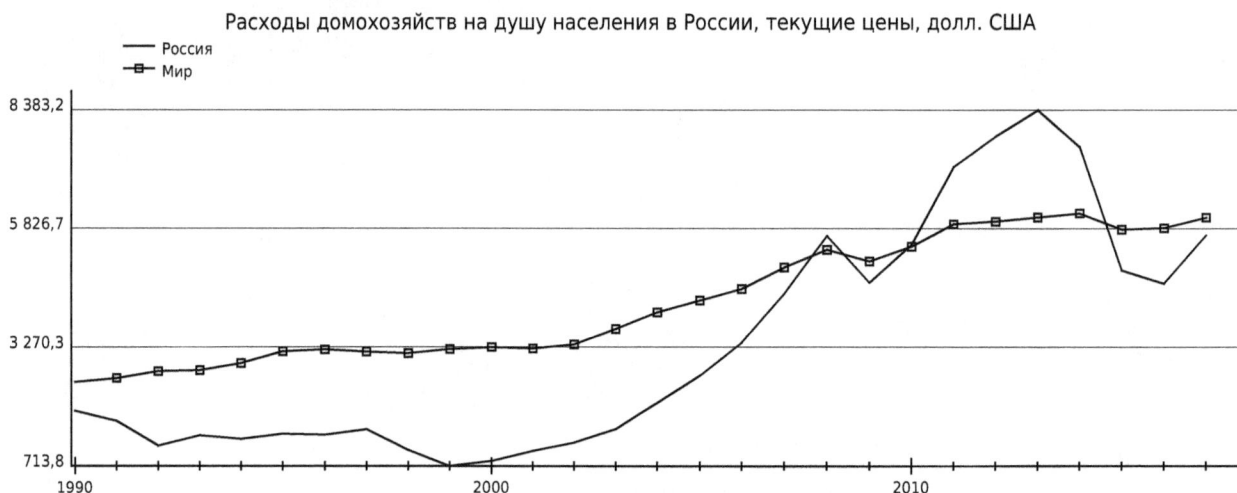

Рост расходов домохозяйств в России, постоянные цены, 1990=100%

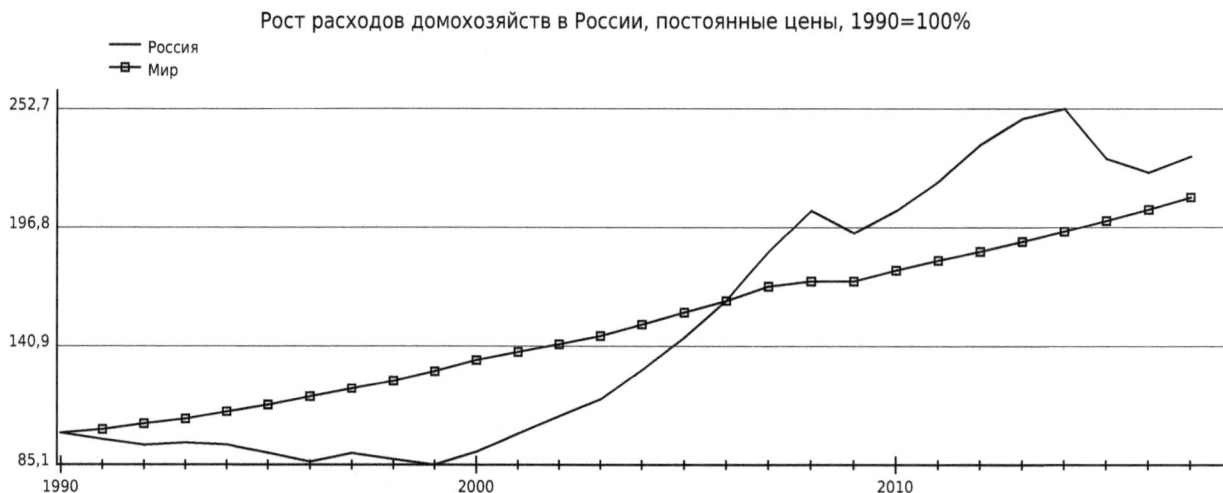

Доля расходов домохозяйств в ВВП России, %

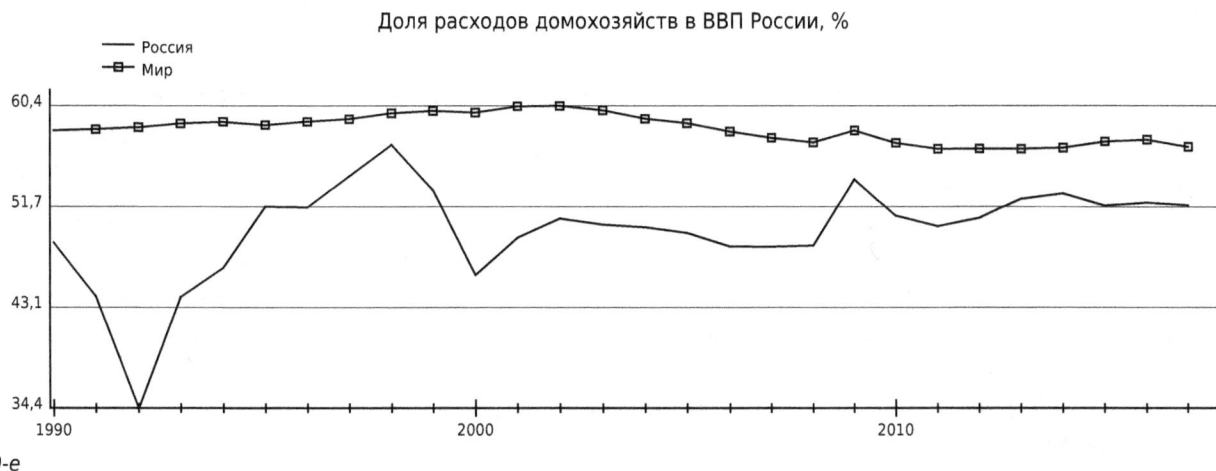

1990-е

Расходы домохозяйств России составляли 198,6 миллиардов долларов в среднем в год в 1990х (15е место в мире) и были на уровне Нидерландов (196,5 миллиардов долларов). Доля в мире составляла 1,2%. Доля в Европе составляла 3,5%.

Доля расходов домохозяйств в ВВП России была 47,5% в 1990х (186е место в мире), и была на уровне Мальдив (47,5%), Швеции (47,9%).

Расходы домохозяйств на душу населения в России составляли 1 342,7 долларов США в 1990х (104е место в мире) и были на уровне Эквадора (1 324,9 долларов), Восточной Европы (1 321,5 долларов), Свазиленда (1 367,4 долларов). Расходы домохозяйств на душу населения в России были меньше чем расходы домохозяйств на душу населения в мире (2 955,8 долларов США) в 2,2 раза, и были меньше чем расходы домохозяйств на душу населения в Европе (7 702,6 долларов США) в 5,7 раза.

Рост расходов домохозяйств в России был -1.8% в 1990х (180е место в мире). Рост расходов домохозяйств в России (-1,8%) был меньше чем рост расходов домохозяйств в мире (2,9%), был меньше чем рост расходов домохозяйств в Европе (1,8%).

Сравнение с соседями. Расходы домохозяйств России были больше чем в Финляндии (63,3 миллиардов долларов), в Украине (33,4 миллиардов долларов), в Казахстане (16,2 миллиардов долларов), в Беларуси (9,1 миллиардов долларов) и в Монголии (1,0 миллиардов долларов); но меньше чем в Японии (2,3 триллионов долларов) и в Китае (329,8 миллиардов долларов). Расходы домохозяйств на душу населения в России были больше чем в Казахстане (1 012,7 долларов), в Беларуси (893,1 долларов), в Украине (657,7 долларов), в Монголии (454,5 долларов) и в Китае (268,1 долларов); но меньше чем в Японии (18,2 тысяч долларов) и в Финляндии (12,4 тысяч долларов). Рост расходов домохозяйств в России был больше чем в Казахстане (-7,4%) и в Украине (-7,8%); но меньше чем в Китае (8,6%), в Японии (1,8%), в Финляндии (1,2%), в Монголии (0,62%) и в Беларуси (-0,90%).

Сравнение с лидерами. Расходы домохозяйств России были меньше чем в США (4,9 триллионов долларов), в Японии (2,3 триллионов долларов), в Германии (1,2 триллионов долларов), в Великобритании (882,5 миллиардов долларов) и во Франции (783,0 миллиардов долларов). Расходы домохозяйств на душу населения в России были меньше чем в США (18,5 тысяч долларов), в Японии (18,2 тысяч долларов), в Германии (15,3 тысяч долларов), в Великобритании (15,2 тысяч долларов) и во Франции (13,1 тысяч долларов). Рост расходов домохозяйств в России был меньше чем в США (3,4%), в Великобритании (2,9%), в Германии (2,2%), в Японии (1,8%) и во Франции (1,8%).

2000-е

Расходы домохозяйств России были на уровне 394,1 миллиардов долларов в среднем в год в 2000х (15е место в мире) и были на уровне Австралии (403,9 миллиардов долларов). Доля в мире была 1,4%. Доля в Европе была 4,5%.

Доля расходов домохозяйств в ВВП России была 49,6% в 2000х (167е место в мире), и была на уровне Финляндии (49,6%), Сейшел (49,5%), Центральной Азии (49,4%).

Расходы домохозяйств на душу населения в России составляли 2 732,2 долларов США в 2000х (95е место в мире) и были на уровне Южной Африки (2,8 тысяч долларов), Науру (2,8 тысяч долларов), Боснии и Герцоговины (2,8 тысяч долларов). Расходы домохозяйств на душу населения в России были меньше чем расходы домохозяйств на душу населения в мире (4 208,9 долларов США) на 35,1%, и были меньше чем расходы домохозяйств на душу населения в Европе (11 934,3 долларов США) в 4,4 раза.

Рост расходов домохозяйств в России был 8.6% в 2000х (14е место в мире). Рост расходов домохозяйств в России (8,6%) был больше чем рост расходов домохозяйств в мире (2,9%), был больше чем рост расходов домохозяйств в Европе (2,1%).

Сравнение с соседями. Расходы домохозяйств России были больше чем в Финляндии (98,0 миллиардов долларов), в Украине (54,2 миллиардов долларов), в Казахстане (30,4 миллиардов долларов), в Беларуси (17,0 миллиардов долларов) и в Монголии (1,9 миллиардов долларов); но меньше чем в Японии (2,6 триллионов долларов) и в Китае (1,0 триллионов долларов). Расходы домохозяйств на душу населения в России были больше чем в Казахстане (1 962,6 долларов), в Беларуси (1 752,6 долларов), в Украине (1 148,5 долларов), в Китае (771,5 долларов) и в Монголии (765,9 долларов); но меньше чем в Японии (20,4 тысяч долларов) и в Финляндии (18,6 тысяч долларов). Рост расходов домохозяйств в России был больше чем в Украине (8,4%), в Казахстане (7,9%), в Монголии (7,5%), в Финляндии (2,5%) и в Японии (0,81%); но меньше чем в Беларуси (10,9%) и в Китае (8,9%).

Сравнение с лидерами. Расходы домохозяйств России были меньше чем в США (8,5 триллионов долларов), в Японии (2,6 триллионов долларов), в Германии (1,6 триллионов долларов), в Великобритании (1,5 триллионов долларов) и во Франции (1,1 триллионов долларов). Расходы домохозяйств на душу населения в России были меньше чем в США (28,8 тысяч долларов), в Великобритании (25,2 тысяч долларов), в Японии (20,4 тысяч долларов), в Германии (19,4 тысяч долларов) и во Франции (18,1 тысяч долларов). Рост расходов домохозяйств в России был больше чем в США (2,4%), в Великобритании (2,2%), во Франции (2,0%), в Японии (0,81%) и в Германии (0,65%).

2010-е

Расходы домохозяйств России были 927,9 миллиардов долларов в среднем в год в 2010х (11е место в мире) и были на уровне Центральной Америки (922,6 миллиардов долларов), Океании (934,4 миллиардов долларов), Австралазии (905,9 миллиардов долларов). Доля в мире составляла 2,2%. Доля в Европе составляла 8,0%.

Доля расходов домохозяйств в ВВП России была 51,6% в 2010х (164е место в мире), и была на уровне Бельгии (51,6%), Эстонии (51,5%), Тайланда (51,5%).

Расходы домохозяйств на душу населения в России составляли 6 460,1 долларов США в 2010х (80е место в мире) и были на уровне Южной Америки (6,4 тысяч долларов), Панамы (6,4 тысяч долларов). Расходы домохозяйств на душу населения в России были больше чем расходы домохозяйств на душу населения в мире (5 910,9 долларов США) на 9,3%, и были меньше чем расходы домохозяйств на душу населения в Европе (15 583,6 долларов США) в 2,4 раза.

Рост расходов домохозяйств в России был 2.1% в 2010х (133е место в мире) и был на уровне Бразилии (2,1%). Рост расходов домохозяйств в России (2,1%) был меньше чем рост расходов домохозяйств в мире (2,6%), был больше чем рост расходов домохозяйств в Европе (1,1%).

Сравнение с соседями. Расходы домохозяйств России были в 6,7 раза больше чем в Финляндии (139,4 миллиардов долларов), в 10,0 раза больше чем в Украине (92,7 миллиардов долларов), в 10,2 раза больше чем в Казахстане (90,7 миллиардов долларов), в 28,6 раза больше чем в Беларуси (32,4 миллиардов долларов) и в 153,0 раза больше чем в Монголии (6,1 миллиардов долларов); но в 3,9 раза меньше чем в Китае (3,6 триллионов долларов) и в 3,3 раза меньше чем в Японии (3,0 триллионов долларов). Расходы домохозяйств на душу населения в России были на 23,4% больше чем в Казахстане (5,2 тысяч долларов), на 88,7% больше чем в Беларуси (3,4 тысяч долларов), в 2,5 раза больше чем в Китае (2,6 тысяч долларов), в 3,1 раза больше чем в Монголии (2,1 тысяч долларов) и в 3,1 раза больше чем в Украине (2,1 тысяч долларов); но в 4,0 раза меньше чем в Финляндии (25,6 тысяч долларов) и в 3,7 раза меньше чем в Японии (23,7 тысяч долларов). Рост расходов домохозяйств в России был больше чем в Финляндии (1,4%), в Украине (1,3%) и в Японии (0,82%); но меньше чем в Китае (8,5%), в Монголии (7,8%), в Казахстане (7,1%) и в Беларуси (4,4%).

Сравнение с лидерами. Расходы домохозяйств России были в 12,6 раза меньше чем в США (11,7 триллионов долларов), в 3,9 раза меньше чем в Китае (3,6 триллионов долларов), в 3,3 раза меньше чем в Японии (3,0 триллионов долларов), в 2,1 раза меньше чем в Германии (2,0 триллионов долларов) и на 47,7% меньше чем в Великобритании (1,8 триллионов долларов). Расходы домохозяйств на душу населения в России были в 2,5 раза больше чем в Китае (2,6 тысяч долларов); но в 5,7 раза меньше чем в США (36,9 тысяч долларов), в 4,2 раза меньше чем в Великобритании (27,4 тысяч долларов), в 3,7 раза меньше чем в Германии (24,2 тысяч долларов) и в 3,7 раза меньше чем в Японии (23,7 тысяч долларов). Рост расходов домохозяйств в России был больше чем в Великобритании (1,6%), в Германии (1,3%) и в Японии (0,82%); но меньше чем в Китае (8,5%) и в США (2,3%).

Раздел XIV. Потребление еды

За период исследования выросло потребление орехов (в 5,2 раза), специй (в 3,5 раза), алкоголя (в 2,7 раза), фруктов (на 97,7%), растительного масла (на 76,4%), стимуляторов (на 75,6%), овощей (на 42,0%), мяса (на 34,6%), яиц (на 33,5%), сахара (на 30,9%), молока (на 26,6%), рыбы (на 23,6%), бобовых (на 6,0%), однако сократилось потребление зерновых (на 1,6%), клубней (на 11,7%).

Коэффициенты корреляции между национальным доходом на душу населения в постоянных ценах и потреблением: орехов (0.992), фруктов (0.973), молока (0.972), яиц (0.969), рыбы (0.966), растительного масла (0.961), специй (0.957), мяса (0.953), овощей (0.939), алкоголя (0.876), сахара (0.873), стимуляторов (0.842), бобовых (0.478), клубней (-0.766), зерновых (-0.983).

1990-е

Потребление калорий в России составляло 2 887,9 ккал/день на душу в 1990х, занимало 47е место в мире, и было на уровне Словакии (2 890,9 ккал/день на душу), Саудовской Аравии (2 877,8 ккал/день на душу), Словении (2 875,1 ккал/день на душу). Потребление калорий в России было больше чем в мире (2 652,6 ккал/день на душу), и было меньше чем в Европе (3 214,0 ккал/день на душу). Потребление калорий состояло из: зерновых (40.9%), сахара (12.2%), мяса (9.3%), клубней (7.8%), молока (7.2%), и прочего (22.6%).

Потребление протеина в России составляло 88,9 г/день на душу в 1990х, занимало 39е место в мире, и было на уровне Египта (88,8 г/день на душу). Потребление протеина в России было больше чем в мире (72,1 г/день на душу), и было меньше чем в Европе (97,9 г/день на душу). Потребление протеина состояло из: зерновых (38.9%), мяса (21%), молока (14.9%), рыбы (6.5%), клубней (6.1%), и прочего (12.6%).

Потребление жира в России было 78,7 г/день на душу в 1990х, занимало 62е место в мире, и было на уровне Южной Америки (78,6 г/день на душу), Саудовской Аравии (79,1 г/день на душу), Сент Китс и Невиса (79,3 г/день на душу). Потребление жира в России было больше чем в мире (69,0 г/день на душу), и было меньше чем в Европе (119,3 г/день на душу). Потребление жира состояло из: мяса (26.4%), растительного масла (25.3%), молока (13.3%), зерновых (5.5%), яиц (3.9%), и прочего (25.6%).

Позиции России в мировых рейтингах потребления еды: 25-я - яйца (11,5 кг/год на душу), 27-я - клубни (123,6 кг/год на душу), 49-я - зерновые (151,9 кг/год на душу), 52-я - молоко (134,2 кг/год на душу), 57-я - мясо (51,9 кг/год на душу), 58-я - рыба (18,5 кг/год на душу), 67-я - стимуляторы (2,6 кг/год на душу), 73-я - алкоголь (32,2 кг/год на душу), 102-я - растительные масла (7,5 кг/год на душу), 125-я - орехи (0,20 кг/год на душу), 131-я - фрукты (34,8 кг/год на душу), 136-я - бобовые (1,7 кг/год на душу), 142-я - специи (0,064 кг/год на душу).

2000-е

Потребление калорий в России было на уровне 3 137,8 ккал/день на душу в 2000х, занимало 39е место в мире, и было на уровне Украины (3 135,4 ккал/день на душу), Эстонии (3 154,6 ккал/день на душу), Новой Зеландии (3 155,5 ккал/день на душу). Потребление калорий в России было больше чем в мире (2 765,9 ккал/день на душу), и было меньше чем в Европе (3 316,3 ккал/день на душу). Потребление калорий состояло из: зерновых (37.3%), сахара (13.6%), растительного масла (8.5%), молока (8.2%), мяса (7.7%), и прочего (24.7%).

Потребление протеина в России составляло 92,9 г/день на душу в 2000х, занимало 39е место в мире, и было на уровне Эстонии (92,7 г/день на душу), Восточной Европы (92,5 г/день на душу), Японии (92,3 г/день на душу). Потребление протеина в России было больше чем в мире (76,5 г/день на душу), и было меньше чем в Европе (100,0 г/день на душу). Потребление протеина состояло из: зерновых (37%), мяса (19.8%), молока (16.5%), рыбы (6.6%), клубней (5.2%), и прочего (14.9%).

Потребление жира в России было на уровне 87,4 г/день на душу в 2000х, занимало 65е место в мире, и было на уровне Албании (87,6 г/день на душу), ОАЭ (88,1 г/день на душу). Потребление жира в России было больше чем в мире (76,9 г/день на душу), и было меньше чем в Европе (123,9 г/день на душу). Потребление жира состояло из: растительного масла (34.3%), мяса (20.5%), молока (16.2%), зерновых (4.4%), яиц (4.2%), и прочего (20.4%).

Позиции России в мировых рейтингах потребления еды: 14-я - яйца (13,8 кг/год на душу), 28-я - сахар (46,6 кг/год на душу), 34-я - клубни (110,1 кг/год на душу), 37-я - алкоголь (76,5 кг/год на душу), 47-я - молоко (155,0 кг/год на душу), 50-я - зерновые (150,6 кг/год на душу), 52-я - овощи (99,8 кг/год на душу), 59-я - стимуляторы (4,4 кг/год на душу), 68-я - рыба (19,0 кг/год на душу), 77-я - растительные масла (11,1 кг/год на душу), 113-я - орехи (0,60 кг/год на душу), 120-я - фрукты (54,5 кг/год на душу), 137-я - специи (0,16 кг/год на душу), 144-я - бобовые (1,5 кг/год на душу).

2010-е

Потребление калорий в России было 3 340,0 ккал/день на душу в 2010х, занимало 28е место в мире, и было на уровне Румынии (3 340,8 ккал/день на душу), Южной Европы (3 336,3 ккал/день на душу), Марокко (3 353,0 ккал/день на душу). Потребление калорий в России было больше чем в мире (2 869,3 ккал/день на душу), и было меньше чем в Европе (3 363,0 ккал/день на душу). Потребление калорий состояло из: зерновых (34.8%), сахара (13.1%), растительного масла (9.6%), мяса (8.9%), молока (8.4%), и прочего (25.2%).

Потребление протеина в России было на уровне 102,1 г/день на душу в 2010х, занимало 30е место в мире, и было на уровне Германии (102,1 г/день на душу), Европы (102,1 г/день на душу), Польши (101,6 г/день на душу). Потребление протеина в России было больше чем в мире (80,6 г/день на душу), и было больше чем в Европе (102,1 г/день на душу). Потребление протеина состояло из: зерновых (33.4%), мяса (23%), молока (16.4%), рыбы (7.4%), клубней (4.7%), и прочего (15.1%).

Потребление жира в России составляло 102,5 г/день на душу в 2010х, занимало 53е место в мире, и было на уровне Южной Кореи (102,6 г/день на душу), Македонии (102,8 г/день на душу), Кирибати (101,8 г/день на душу). Потребление жира в России было больше чем в мире (82,4 г/день на душу), и было меньше чем в Европе (128,7 г/день на душу). Потребление жира состояло из: растительного масла (35.3%), мяса (21.5%), молока (15.5%), яиц (4%), зерновых (3.8%), и прочего (19.9%).

Позиции России в мировых рейтингах потребления еды: 9-я - яйца (15,3 кг/год на душу), 21-я - сахар (48,5 кг/год на душу), 27-я - алкоголь (85,7 кг/год на душу), 34-я - клубни (110,6 кг/год на душу), 42-я - молоко (169,9 кг/год на душу), 50-я - зерновые (149,4 кг/год на душу), 51-я - мясо (69,8 кг/год на душу), 58-я - рыба (22,8 кг/год на душу), 64-я - стимуляторы (4,6 кг/год на душу), 99-я - орехи (1,0 кг/год на душу), 101-я - фрукты (68,7 кг/год на душу), 130-я - специи (0,22 кг/год на душу), 134-я - бобовые (1,8 кг/год на душу).

Часть V. Воспроизводство

Индекс Кушнира, (-) Потребление - (+) Воспроизводство

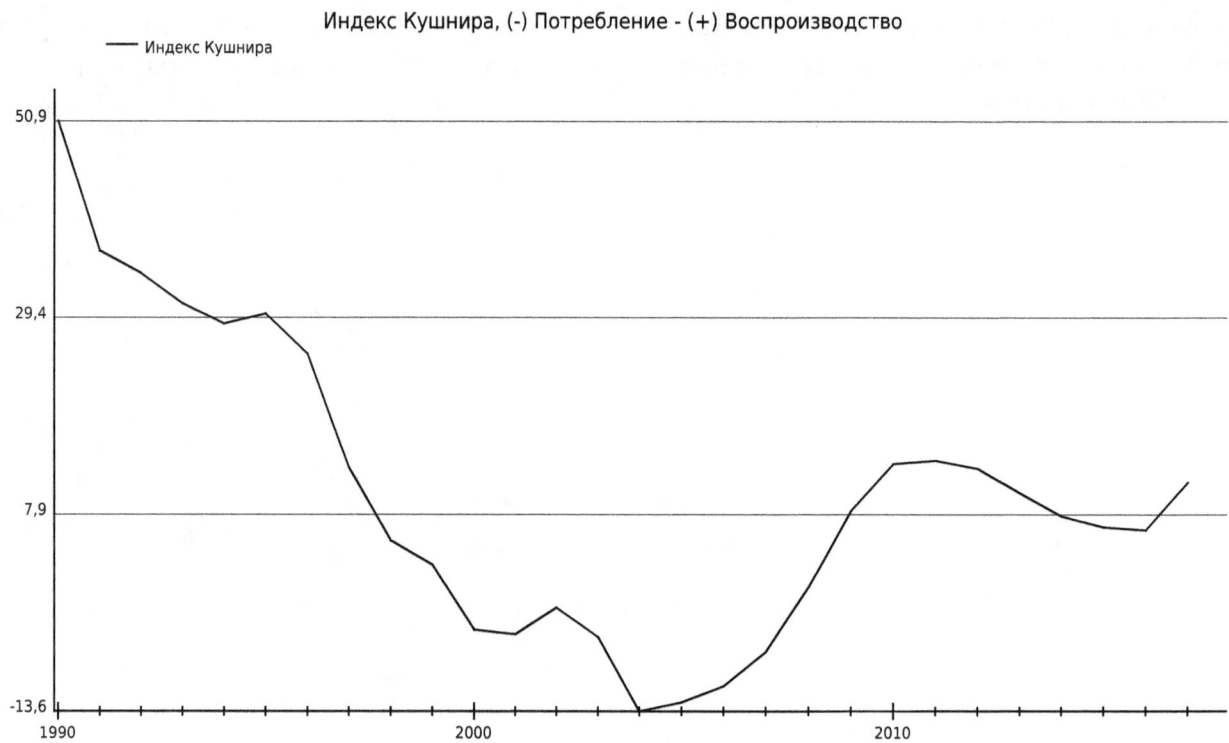

Раздел XV. Капитальные вложения

Капитальные вложения России выросли с 98,3 миллиардов долларов в 1990х до 388,6 миллиардов долларов в год в 2010х, на 290,3 миллиардов долларов (в 4,0 раза). Изменение состоялось на 263,2 миллиардов долларов из-за 3,1-разового роста цен, а также на 29,9 миллиардов долларов из-за 1,3-разового роста производительности, а также на -2,8 миллиардов долларов из-за сокращения населения. Среднегодовой рост капитальных вложений составил -2,6%. Минимальный размер капитальных вложений был 31,0 миллиардов долларов в 1999 году. Максимальный размер капитальных вложений был 500,2 миллиардов долларов в 2013 году.

Капитальные вложения России, млрд. долл. США

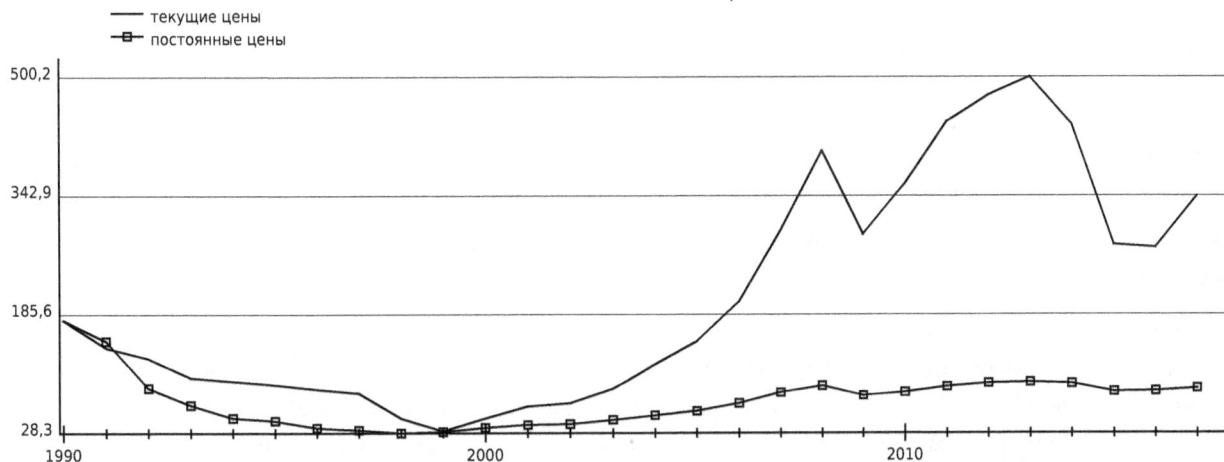

текущие цены
постоянные цены

Капитальные вложения на душу населения в России, текущие цены, долл. США

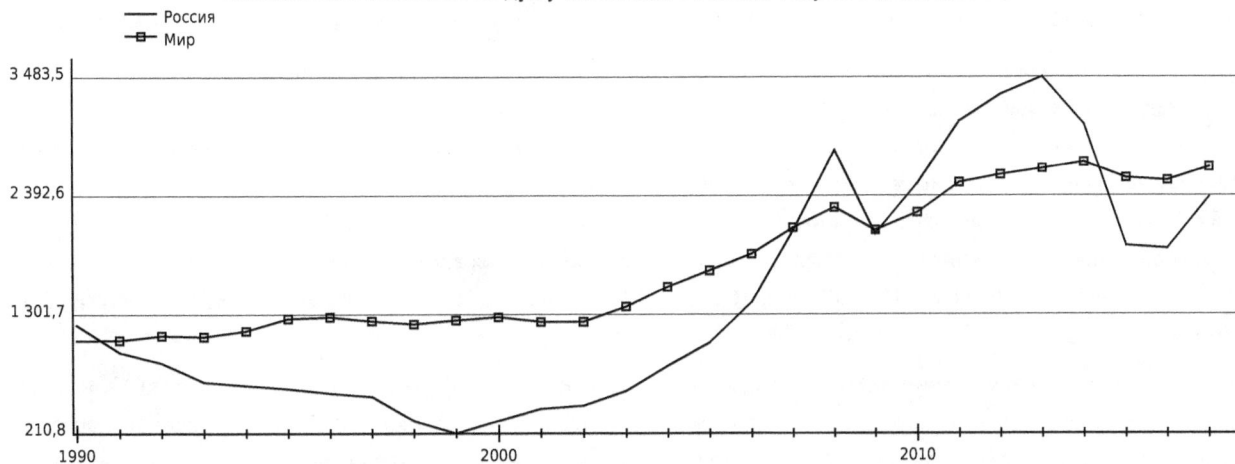

Россия
Мир

Рост капитальных вложений в России, постоянные цены, 1990=100%

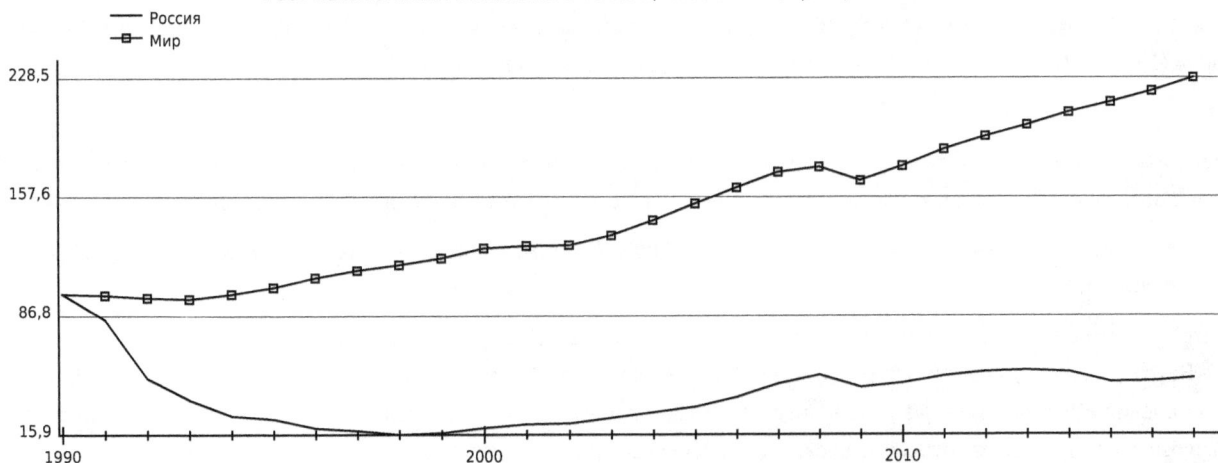

Россия
Мир

Доля капитальных вложений в ВВП России, %

1990-е

Капитальные вложения России были 98,3 миллиардов долларов в среднем в год в 1990х (12е место в мире) и были на уровне Центральной Америки (97,1 миллиардов долларов). Доля в мире была на уровне 1,5%. Доля в Европе составляла 4,6%.

Доля капитальных вложений в ВВП России была 23,5% в 1990х (77е место в мире), и была на уровне мира (23,5%), Ямайки (23,5%), Германии (23,6%).

Капитальные вложения на душу населения в России составляли 664,5 долларов США в 1990х (87е место в мире) и были на уровне Азии (661,5 долларов), Островов Кука (667,8 долларов), Польши (653,3 долларов). Капитальные вложения на душу населения в России были меньше чем капитальные вложения на душу населения в мире (1 176,5 долларов США) на 43,5%, и были меньше чем капитальные вложения на душу населения в Европе (2 936,8 долларов США) в 4,4 раза.

Рост капитальных вложений в России был -17.9% в 1990х (206е место в мире). Рост капитальных вложений в России (-17,9%) был меньше чем рост капитальных вложений в мире (2,4%), был меньше чем рост капитальных вложений в Европе (-0,22%).

Сравнение с соседями. Капитальные вложения России были больше чем в Финляндии (27,7 миллиардов долларов), в Украине (14,2 миллиардов долларов), в Казахстане (5,7 миллиардов долларов), в Беларуси (4,2 миллиардов долларов) и в Монголии (396,6 миллионов долларов); но меньше чем в Японии (1,3 триллионов долларов) и в Китае (233,7 миллиардов долларов). Капитальные вложения на душу населения в России были больше чем в Беларуси (411,8 долларов), в Казахстане (356,2 долларов), в Украине (279,5 долларов), в Китае (190,0 долларов) и в Монголии (173,4 долларов); но меньше чем в Японии (10,4 тысяч долларов) и в Финляндии (5,4 тысяч долларов). Рост капитальных вложений в России был больше чем в Украине (-18,7%); но меньше чем в Китае (12,7%), в Японии (0,18%), в Финляндии (-0,30%), в Монголии (-4,4%), в Беларуси (-5,6%) и в Казахстане (-17,4%).

Сравнение с лидерами. Капитальные вложения России были меньше чем в США (1,6 триллионов долларов), в Японии (1,3 триллионов долларов), в Германии (514,7 миллиардов долларов), во Франции (300,2 миллиардов долларов) и в Великобритании (250,0 миллиардов долларов). Капитальные вложения на душу населения в России были меньше чем в Японии (10,4 тысяч долларов), в Германии (6,4 тысяч долларов), в США (6,1 тысяч долларов), во Франции (5,0 тысяч долларов) и в Великобритании (4,3 тысяч долларов). Рост капитальных вложений в России был меньше чем в США (4,8%), в Германии (2,5%), в Великобритании (1,6%), во Франции (1,5%) и в Японии (0,18%).

2000-е

Капитальные вложения России были на уровне 172,9 миллиардов долларов в среднем в год в 2000х (15е место в мире) и были на уровне Бразилии (176,6 миллиардов долларов). Доля в мире составляла 1,6%. Доля в Европе была на уровне 5,2%.

Доля капитальных вложений в ВВП России была 21,8% в 2000х (130е место в мире), и была на уровне Европы (21,7%), Чили (21,9%), Дании (21,9%).

Капитальные вложения на душу населения в России составляли 1 199,0 долларов США в 2000х (89е место в мире) и были на уровне Науру (1 194,3 долларов), Островов Кука (1 204,8 долларов), Тувалу (1 174,7 долларов). Капитальные вложения на душу населения в России были меньше чем капитальные вложения на душу населения в мире (1 682,4 долларов США) на 28,7%, и были меньше чем капитальные вложения на душу населения в Европе (4 566,3 долларов США) в 3,8 раза.

Рост капитальных вложений в России был 10% в 2000х (46е место в мире) и был на уровне Киргизстана (10,0%), ОАЭ (10,0%). Рост капитальных вложений в России (10,0%) был больше чем рост капитальных вложений в мире (3,3%), был больше чем рост капитальных вложений в Европе (1,8%).

Сравнение с соседями. Капитальные вложения России были больше чем в Финляндии (45,5 миллиардов долларов), в Украине (20,7 миллиардов долларов), в Казахстане (17,2 миллиардов долларов), в Беларуси (9,2 миллиардов долларов) и в Монголии (1,1 миллиардов долларов); но меньше чем в Японии (1,2 триллионов долларов) и в Китае (1,0 триллионов долларов). Капитальные вложения на душу населения в России были больше чем в Казахстане (1 109,4 долларов), в Беларуси (949,8 долларов), в Китае (787,4 долларов), в Украине (438,2 долларов) и в Монголии (434,5 долларов); но меньше чем в Японии (9,0 тысяч долларов) и в Финляндии (8,7 тысяч долларов). Рост капитальных вложений в России был больше чем в Монголии (3,5%), в Украине (3,3%), в Финляндии (1,3%) и в Японии (-2,0%); но меньше чем в Казахстане (15,3%), в Беларуси (13,9%) и в Китае (13,4%).

Сравнение с лидерами. Капитальные вложения России были меньше чем в США (2,8 триллионов долларов), в Японии (1,2 триллионов долларов), в Китае (1,0 триллионов долларов), в Германии (557,8 миллиардов долларов) и во Франции (465,0 миллиардов долларов). Капитальные вложения на душу населения в России были больше чем в Китае (787,4 долларов); но меньше чем в США (9,4 тысяч долларов), в Японии (9,0 тысяч долларов), во Франции (7,4 тысяч долларов) и в Германии (6,8 тысяч долларов). Рост капитальных вложений в России был больше чем во Франции (1,6%), в США (0,43%), в Германии (-0,44%) и в Японии (-2,0%); но меньше чем в Китае (13,4%).

2010-е

Капитальные вложения России были 388,6 миллиардов долларов в среднем в год в 2010х (11е место в мире) и были на уровне Южной Кореи (395,1 миллиардов долларов). Доля в мире была 2,1%. Доля в Европе составляла 9,3%.

Доля капитальных вложений в ВВП России была 21,6% в 2010х (124е место в мире), и была на уровне Финляндии (21,6%), Новой Зеландии (21,7%), Восточной Европы (21,7%).

Капитальные вложения на душу населения в России составляли 2 705,3 долларов США в 2010х (76е место в мире) и были на уровне Литвы (2,7 тысяч долларов), Монсеррат (2,7 тысяч долларов), Хорватии (2,6 тысяч долларов). Капитальные вложения на душу населения в России были больше чем капитальные вложения на душу населения в мире (2 555,1 долларов США) на 5,9%, и были меньше чем капитальные вложения на душу населения в Европе (5 647,6 долларов США) в 2,1 раза.

Рост капитальных вложений в России был 1.5% в 2010х (138е место в мире) и был на уровне Монсеррат (1,5%), Восточной Европы (1,5%), Франции (1,5%). Рост капитальных вложений в России (1,5%) был меньше чем рост капитальных вложений в мире (4,0%), был меньше чем рост капитальных вложений в Европе (1,6%).

Сравнение с соседями. Капитальные вложения России были в 7,0 раза больше чем в Финляндии (55,2 миллиардов долларов), в 9,3 раза больше чем в Казахстане (41,7 миллиардов долларов), в 17,3 раза больше чем в Украине (22,5 миллиардов долларов), в 19,0 раза больше чем в Беларуси (20,5 миллиардов долларов) и в 104,2 раза больше чем в Монголии (3,7 миллиардов долларов); но в 10,9 раза меньше чем в Китае (4,2 триллионов долларов) и в 3,1 раза меньше чем в Японии (1,2 триллионов долларов). Капитальные вложения на душу населения в России были на 12,5% больше чем в Казахстане (2,4 тысяч долларов), на 25,3% больше чем в Беларуси (2,2 тысяч долларов), в 2,1 раза больше чем в Монголии (1 287,9 долларов) и в 5,4 раза больше чем в Украине (500,4 долларов); но в 3,7 раза меньше чем в Финляндии (10,1 тысяч долларов), в 3,5 раза меньше чем в Японии (9,5 тысяч долларов) и на 11,5% меньше чем в Китае (3,1 тысяч долларов). Рост капитальных вложений в России был больше чем в Финляндии (1,0%), в Украине (-0,47%) и в Беларуси (-0,94%); но меньше чем в Китае (8,0%), в Монголии (7,4%), в Казахстане (5,4%) и в Японии (2,1%).

Сравнение с лидерами. Капитальные вложения России были в 10,9 раза меньше чем в Китае (4,2 триллионов долларов), в 8,7 раза меньше чем в США (3,4 триллионов долларов), в 3,1 раза меньше чем в Японии (1,2 триллионов долларов), на 46,5% меньше чем в Германии (725,9 миллиардов долларов) и на 41,6% меньше чем в Индии (665,8 миллиардов долларов). Капитальные вложения на душу населения в России были в 5,2 раза больше чем в Индии (517,9 долларов); но в 4,0 раза меньше чем в США (10,7 тысяч долларов), в 3,5 раза меньше чем в Японии (9,5 тысяч долларов), в 3,3 раза меньше чем в Германии (8,9 тысяч долларов) и на 11,5% меньше чем в Китае (3,1 тысяч долларов). Рост капитальных вложений в России был меньше чем в Китае (8,0%), в Индии (6,7%), в США (3,9%), в Германии (2,8%) и в Японии (2,1%).

www.ingramcontent.com/pod-product-compliance
Lightning Source LLC
Chambersburg PA
CBHW051424200326
41520CB00023B/7351